MASTER CHOA KOK SUI

EINSWERDEN MIT DER SEELE

INNERE STUDIEN VERLAG

Die englische Originalausgabe erschien 2000 bei Institute for Inner Studies, Inc.,
unter dem Titel »Meditations for Soul Realization«

© 2000 by Master Choa Kok Sui

1. Auflage 2014

ISBN 978-3-939546-22-1

© für die deutsche Ausgabe 2013 by
Innere Studien Verlags AG, München · www.innere-studien.de

Aus dem Englischen von Andreas Zantop und Ruth Cholleti
Illustrationen: Benny Gantioqui, Augusto Ayran, Jerome Malic und Ananda Rajan
Computer-Grafiken: Vener Fedelino
Fotos: Christine, Abb. 15.9, Daphne Bigcas, Abb. 15.12, Kailash Cherukupalli, Abb. 15.8,
Rainer Krell, Abb. 15.10, Bernadus Prasodjo, Abb. 15.15.
Gestaltung: Grazyna Berger
Titelbild: Das zwölfte Chakra

Printed in Hungary

Grand Master Choa Kok Sui
Begründer der Pranaheilung und des Arhatic Yoga

EINSWERDEN MIT DER SEELE

WIDMUNG

Dieses Buch ist meinem geliebten Lehrer Mahaguruji Mei Ling gewidmet. Das Wort maha bedeutet „groß", ji steht für „wird respektiert". Mahaguruji bedeutet also „großer respektierter spiritueller Lehrer".

Für Mahayogi Patanjali, einen großen Förderer des Raja-Yoga.

Und für alle Menschen auf dieser Welt. Das in diesem Buch enthaltene Wissen ist ein unschätzbar wertvolles spirituelles Geschenk für alle Menschen am Übergang in ein neues Jahrtausend.

EINSWERDEN MIT DER SEELE

HINWEIS

Die körperliche und geistige Verfassung eines Praktizierenden können
sehr unterschiedlich sein. Deshalb können weder Verfasser noch Verlag für
möglicherweise auftretende nachteilige Wirkungen verantwortlich gemacht
werden, die sich aus der Anwendung der in diesem Buch enthaltenen Meditationstechniken und Übungen ergeben. Bei Unwohlsein oder anderen
unangenehmen Auswirkungen auf körperlicher, emotionaler, mentaler oder
energetischer Ebene sollte der Praktizierende die entsprechende Übung
sofort abbrechen.

DANK

der göttlichen Vorsehung, dem göttlichen Segen,
der dieses Buch möglich gemacht hat;

Mahaguruji Mei Ling für seine unschätzbar wertvollen Lehren sowie
seine nahezu grenzenlose Geduld und Liebe und all seine Segnungen;

all den Großen dieser Welt, allen spirituellen Lehrern, den Wesen des
göttlichen Lichts, der göttlichen Liebe und der göttlichen Macht, für
ihren unermesslichen Segen.

INHALT

EINSWERDEN MIT DER SEELE

ANMERKUNG

Einswerden mit der Seele beruht auf Vorträgen, die Master Choa Kok Sui in verschiedenen Teilen der Welt öffentlich abgehalten hat. Das Buch wurde so gestaltet, dass der Leser es innerhalb von nur ein oder zwei Tagen durcharbeiten kann, anstatt Monate oder Jahre studieren zu müssen, um zu verstehen, worum es bei der Meditation überhaupt geht. Dieses Buch ist auf einfache, klare und prägnante Weise geschrieben. Die Meditationstechniken wurden ebenfalls so einfach und wirkungsvoll gestaltet, dass sie für Yogis oder Übende, die sich auf dem spirituellen Weg befinden, sofort und leicht anzuwenden sind. Die meisten Schüler sollten imstande sein, mit regelmäßigem Üben innerhalb von ein bis zwei Jahren konkrete Ergebnisse zu erzielen. In der vorliegenden überarbeiteten Ausgabe wurden Inhalte und Abbildungen aus den späteren Büchern des Autors, „Die spirituelle Essenz des Menschen", „Innere Lehren des Hinduismus enthüllt" und „Om Mani Padme Hum" eingefügt. Dies soll das Lesen vereinfachen. Anstatt die Informationen in den verschiedenen Büchern suchen zu müssen, wurden sie hier in diesem einen Buch zusammengetragen. Dies geschah auch, um die universelle Wahrheit aufzuzeigen, die in allen Religionen enthalten ist.

Viel Glück und möge Gott Sie segnen.
GMCKS

EINSWERDEN MIT DER SEELE

VORWORT

Was bedeutet „Seelenerkenntnis"? Die Frage ist einfach, aber sie kann nicht mit einem Satz beantwortet werden.

Es gibt verschiedene Stufen der Seelenerkenntnis. Die erste Stufe beinhaltet die intellektuelle Einsicht, dass du die Seele bist, ein spirituelles Wesen göttlicher Intelligenz, göttlicher Liebe, göttlicher Kraft. Du bist nicht der physische Körper, nicht die Gedanken und Emotionen, nicht einmal der Verstand. Die Gedanken und Emotionen werden von der Seele erzeugt, so wie der Schreiner ein Möbelstück herstellt. Der Verstand ist ein subtiles Werkzeug der Seele, so wie Sie einen Computer als Werkzeug benutzen.

Die zweite Stufe besteht darin, sich selbst während der Meditation als die Seele zu erfahren. Der Yogi oder Meditierende erlebt vielleicht einen Zustand, in dem er seinen Körper nicht mehr fühlt, so als wäre der Körper nicht vorhanden. Der Praktizierende hat vielleicht eine außerkörperliche Erfahrung, indem die Seele sich in anderen subtilen Körpern oder Lichtkörpern manifestiert und in der Lage ist, sich schneller als mit Lichtgeschwindigkeit fort zu bewegen.

Mit weiterer Entwicklung kann der Yogi vielleicht die essentielle Eigenschaft der Seele erfahren. Die Seele ist eigentlich ein Wesen aus Licht. Der Yogi erlebt sich selbst als Lichtwesen, das in alle Richtungen durch das physische und das innere Universum reist.

Die dritte Stufe der Seelenerkenntnis besteht in der Vereinigung der inkarnierten Seele mit der Höheren Seele, also sich selbst (die inkarnierte Seele) als eins mit der Höheren Seele zu erfahren. Der Yogi erlebt sich auch als eins mit anderen Seelen, nicht nur menschlichen, auch allen anderen Arten von Seelen. Auf dieser Stufe beginnt die Entwicklung zum Arhat.

Auf den höheren Ebenen der spirituellen Praxis erlangt man Einssein mit dem göttlichen Funken oder dem Paramatma. Dies wird auch als Gotteserkenntnis bezeichnet. Die inkarnierte und Höhere Seele erlebt sich als eins mit dem göttlichen Funken, mit Gott, mit allem was ist. Dann kann der Yogi tatsächlich sagen: „Mein Vater und ich sind eins!" Er ist dann eine wahrhaftige Inkarnation des Göttlichen.

TEIL I

MEDITATION ÜBER ZWEI HERZEN FÜR FRIEDEN UND ERLEUCHTUNG

Meditation über liebevolle Güte

EINSWERDEN MIT DER SEELE

1. Kapitel:
Ich bin das Ich bin

Da sprach Mose zu Gott:

„Siehe, wenn ich nun zu den Israeliten komme und ihnen sage,
»der Gott eurer Väter hat mich zu euch gesandt«, und wenn sie
mich fragen, »welches ist sein Name?«, was soll ich ihnen dann
antworten?"

Gott sprach zu Mose:
„ICH BIN das ICH BIN. So sollst du zu den Israeliten sagen:
»ICH BIN« hat mich zu euch gesandt."

2. Mose, 3,13-14

Wer bin ich?

Bin ich der Körper? Bin ich der Gedanke? Bin ich das Gefühl? Bin ich der Verstand? Wer bin ich? Lassen Sie uns ein paar kleine Experimente machen: Bewegen Sie Ihre Arme. Was tun Sie? ICH bewege meine Arme. Was wird bewegt? Die Arme. Sind Sie die Arme? Nein. Wer bewegt die Arme? ICH. ICH BIN derjenige, der bewegt; die Arme sind die Körperteile, die bewegt werden. Bewegen Sie Ihre Beine. Was tun Sie? ICH bewege meine Beine. Was wird bewegt? Die Beine. Sind Sie die Beine? Nein. Wer bewegt die Beine? ICH. Bewegen Sie nun Ihren ganzen Körper. Was tun Sie? ICH bewege meinen Körper. Was wird bewegt? Der Körper. Sind Sie der Körper? Nein. Wer bewegt den Körper? ICH. ICH BIN derjenige, der bewegt; der Körper ist das, was bewegt wird. Stellen Sie sich nun vor, der Körper wäre gestorben. Er wird eingeäschert. Die Asche wird im Meer verstreut. Was bleibt übrig? ICH. Dieses ICH ist die Seele. Das ICH ist unsterblich. Wer sind Sie? ICH BIN, das ICH BIN. Sie sind die Seele. Sie sind unsterblich.

In der Genesis 1,26 heißt es: „Lasset uns Menschen machen nach unserem Bilde." Als Gott den Menschen schuf, tat er dies nach seinem Ebenbild. Das hat jedoch nichts mit unseren körperlichen Merkmalen zu tun. Es bedeutet nicht, dass Gott so aussieht wie wir, dass er zwei Augen, zwei Ohren und einen Mund hat. Nach Gottes Ebenbild erschaffen zu sein bedeutet, dass der Mensch ein Teil des göttlichen Wesens ist.

In Johannes 10,34 sagt Jesus: „Steht nicht in eurem Gesetz geschrieben, »Ich habe gesagt: Ihr seid Götter«?" Im Psalm 82,6 finden wir die gleiche Aussage: „Ihr seid Götter. Ihr seid alle Kinder [1] des Allerhöchsten." Deshalb beginnt das Vaterunser mit „Vater unser im Himmel..." und nicht mit „Vater von Jesus im Himmel…" Wir sind alle Gottes Kinder. Jeder Mensch trägt die göttliche Essenz oder den göttlichen Funken in sich. Im Buddhismus ist Buddha in jedem Menschen. In der christlichen Religion ist Christus in jedem Menschen. Im Hinduismus ist Shiva oder Krishna in jedem Menschen. Wie ist der Name dieser göttlichen Essenz? Als Moses den brennenden Dornbusch sah, fragte er: „Wenn sie mich fragen werden, was dein Name ist, was soll ich ihnen dann sagen?" Aus dem brennenden Busch heraus antwortete Gott: „ICH BIN das ICH BIN." (2. Mose 3,13-14). Im Hebräischen heißt dies Ehyeh Asher Ehyeh, „ICH BIN das ICH BIN." Im Sanskrit ist es bekannt als So Ham oder Tatwamasi. Es gibt ein universelles, makrokosmisches oder planetarisches ICH BIN und es gibt ein mikrokosmisches ICH BIN in jedem einzelnen Menschen. Denken Sie an ein Auto. Was tun Sie? ICH denke

---

1 Der Verfasser benutzt das Wort „Kinder" anstelle von „Söhne", wie es in der Bibel steht, um auch das weibliche Geschlecht mit einzuschließen.

an ein Auto. Wer ist derjenige, der denkt? ICH denke. Denken Sie an einen Apfel. Was tun Sie? ICH denke an einen Apfel. Wer ist derjenige, der denkt? ICH denke. Wer erschuf den Gedanken an einen Apfel? ICH erschuf ihn. Was wurde erschaffen? Der Gedanke an einen Apfel. Sind Sie selbst dieser Gedanke? Nein. Lösen Sie nun den Gedanken wieder auf. Was bleibt übrig? ICH. Dieses ICH ist derjenige, der denkt, es ist der Schöpfer der Gedanken. Sie sind nicht Ihre Gedanken. Sie sind ICH. Lösen Sie alle Gedanken auf, die Sie je erschaffen haben. Was bleibt übrig? ICH. Spüren Sie das Gefühl der Trauer. Was tun Sie? Ich spüre oder erzeuge das Gefühl der Trauer. Wer erschuf dieses Gefühl? ICH habe es erschaffen. Welches Gefühl wurde erschaffen? Das der Trauer. Sind Sie selbst dieses Gefühl der Trauer? Nein. Sie sind nicht der Körper. Sie sind nicht der Verstand. Sie sind auch nicht Ihre Gedanken oder Gefühle. Sie sind ICH BIN. Sie sind die Seele. Sie sind unsterblich. Lösen Sie all Ihre Gefühle der Trauer auf. Was bleibt übrig? ICH. Lösen Sie alle Gedanken und Gefühle auf, die Sie je erschaffen haben. Was bleibt übrig? ICH. Sind Sie der Verstand? Nein. Der Verstand ist nichts weiter als ein subtiles Instrument des ICH oder der Seele. Die Seele benutzt den Verstand, um Gedanken und Gefühle zu erschaffen. Deshalb sind Gedanken und Gefühle lediglich die Produkte. Der Verstand gleicht einem Computer, der Daten hervorbringen und verarbeiten kann. ICH oder die Seele entspricht der Person, die diesen Computer benutzt. Der Verstand ist nicht dasselbe wie Sie, die Person, die den Computer benutzt. Sie sind das ICH BIN. Sie sind die Seele. Sind Sie der Körper? Nein. Der Körper ist wie ein Auto, und die Seele ist der Fahrer dieses Autos. Der Körper ist einfach nur ein Gefährt für die Seele. Die Seele braucht den Körper, um sich entwickeln zu können. Der Körper ist nicht die Seele oder ICH. Mit anderen Worten: Sie sind nicht der Körper. Sie sind auch nicht Ihre Gedanken oder Gefühle. Sie sind das ICH BIN. Sie sind die Seele. Sie sind unsterblich. Paulus lehrt uns in seinem ersten Brief an die Korinther (6,19): „Wisst ihr nicht, dass euer Leib ein Tempel des heiligen Geistes in euch ist?" Als Jesus in Johannes 2,19 sagt: „Zerstört diesen Tempel, und in drei

Tagen werde ich ihn wieder errichten", sprach er über den Körper als Tempel (Johannes 2,21). Ihr Körper ist der Tempel, Ihre Seele ist der Heilige Geist. Das ist der Grund, weshalb Sie Ihren Körper nicht durch Rauchen, abhängig machende Drogen oder andere ungesunde Praktiken verunreinigen sollten. Sie müssen Ihren Körper rein und gesund halten, denn es ist der Tempel des ICH BIN. Sie sind dieses ICH BIN. Sie sind unsterblich. Wie Krishna in der Baghavad-Gita sagte: „Das Selbst, die Seele, kann nicht getötet, erschlagen, ertränkt oder verbrannt werden. Es ist unsterblich." So wie ein Mensch von Tag zu Tag seine Kleidung wechselt, so wechselt die Seele den physischen Körper von Inkarnation zu Inkarnation.

2. KAPITEL: NAMASTÉ

GRUSS AN DAS GÖTTLICHE

Namasté Ihnen allen! Namasté bedeutet, „das Göttliche in einer Person zu erkennen und zu respektieren". Kurz: Ich grüße das Göttliche in Ihnen allen! Lassen Sie uns ein Experiment machen. Suchen Sie sich einen Partner, mit dem Sie dieses Experiment durchführen können. Stellen Sie sich vor Ihren Partner. Führen Sie beide Hände vor Ihrem Herzen zusammen, wie in Abbildung 1 dargestellt. Schauen Sie Ihrem Partner in die Augen. Die Augen sind die Fenster der Seele und die Fenster zur Seele. Sagen Sie in Gedanken: „Ich grüße das Göttliche in dir, den Christus (den Buddha oder den Shiva) in dir. Atma Namasté!" Seien Sie still und bewusst. Schauen Sie einander für einige Minuten an. Vielleicht fühlen oder erfahren Sie die göttliche Präsenz in der Person vor Ihnen. Vielleicht spüren oder erfahren Sie sogar göttliche Liebe und Glückseligkeit. Sagen Sie leise: „ICH BIN das ICH BIN. Ich grüße das ICH BIN in dir. Ich grüße die göttliche Präsenz in dir. Atma Namasté!" Seien Sie wieder still und bewusst. Schauen Sie einander weiter für einige Minuten an. Nach dem Experiment können Sie die Erfahrungen, die Sie dabei gemacht haben, mit Ihrem Partner austauschen.

DIE BUDDHA NATUR UND DER DRECKSACK

Es gab einmal einen Dharma-Meister namens Fo Yin, der in China lebte. Dharma bedeutet „Wahrheit" oder „Lehre". Dieser Dharma-Meister hatte einen Freund namens Su Dong Po (1037-1101 n. Chr.), der ein verrufener

Abb. 2.1: *Namasté*

EINSWERDEN MIT DER SEELE

Dichter war, denn er war für sein rüdes und aggressives Benehmen bekannt. Eines Tages setzte sich der Dichter hin und versuchte, wie Buddha auszusehen. Er fragte den Dharma-Meister: „Wem sehe ich ähnlich?" – „Du siehst aus wie Buddha", antwortete der Dharma-Meister. Dann sagte der Dichter: „Weißt du, wie du aussiehst? Du siehst aus wie ein Drecksack!" Bevor dieses Schimpfwort bei uns geprägt wurde, benutzten es die Chinesen schon jahrtausendelang. Den Dharma-Meister störten diese harten Worte nicht. Er lächelte einfach weiter. Entmutigt fragte der Dichter den Meister: „Warum bist du nicht wütend?" Der Mönch antwortete: „Ein Wesen, das seine Buddha-Natur erfahren hat, sieht die Buddha-Natur in jedem anderen Wesen. Doch eine Person, die voller Schmutz und Dreck ist, sieht in jedem anderen um sich herum nur einen Drecksack."

„Ein Wesen, das seine Buddha-Natur erfahren hat,
sieht die Buddha-Natur in jedem anderen Wesen.
Doch eine Person, die voller Schmutz und Dreck ist,
sieht in jedem anderen um sich herum nur
einen Drecksack."

Dharma-Meister Fo Yin im Gespräch mit dem verrufenen Dichter
Su Dong Po (1037-1101 n. Chr.)

EINSWERDEN MIT DER SEELE

3. Kapitel:
Die höhere Seele und die inkarnierte Seele

Die inkarnierte Seele

Wenn Sie den physischen Körper entfernen, dann ist das, was übrig bleibt, der Energiekörper. Naturgeister wie Gnome, Elfen und Feen haben Energiekörper. Stellen Sie sich Energie mit Bewusstsein vor, die noch feiner als die der Naturgeister ist. Die Seele ist spirituelle Energie mit Bewusstsein. Sie ist ein Wesen mit göttlicher Intelligenz, göttlicher Liebe und göttlicher Macht. Stellen Sie sich vor, Sie hätten einen Krug voll Wasser vor sich. Das Wasser in diesem Krug stellt die Höhere Seele dar – spirituelle Energie mit Bewusstsein. Um zu wachsen und sich zu entwickeln, erstreckt sich die Höhere Seele mit einem Teil ihres Selbst in die niederen Welten hinab. Stellen Sie sich vor, Sie gießen das Wasser in ein leeres Glas. Dieses Glas symbolisiert den Körper. Das Wasser im Glas symbolisiert die inkarnierte Seele. Die Höhere Seele und die inkarnierte Seele stehen miteinander in Verbindung. Gleichzeitig sind sie aber eins. Wenn jemand sein Leben im Chaos verbringt, wird die inkarnierte Seele von der Höheren Seele abgetrennt. Die inkarnierte Seele wird dann zu einer verlorenen Seele. Um es in der Computersprache auszudrücken: Die Höhere Seele ist wie der Server. Sie verfügt über ein eigenes Bewusstsein. Die inkarnierte Seele ist wie ein Client-Terminal, das ebenfalls über ein eigenes Bewusstsein verfügt. Ihre inkarnierte Seele, das sind Sie, ist ein kleiner Bestandteil Ihrer Höheren Seele. Unglücklicherweise führt die niedere Seele, wenn sie sich inkarniert, in vielen Fällen ein Leben voll ungezügelter Leidenschaften. Im Unwissen über ihre wahre Natur macht sie viele Leidenserfahrungen durch, da sie sich mit dem Körper und den Gefühlen identifiziert.

Der verlorene Sohn und Yoga

Erinnern Sie sich an die Geschichte vom verlorenen Sohn (Lukas 15,11-32)? Er entschloss sich, seinen Vater zu verlassen. Er verprasst sein Erbteil und führt ein Leben im Chaos, bis er nichts mehr zu essen hat. Als er zu seinem Vater zurückkehrt, heißt dieser ihn willkommen. Der Vater ist im Grunde wie die Höhere Seele und sein verlorener Sohn wie die inkarnierte Seele, die ihr Zuhause, ihre spirituelle Herkunft, vergessen hat. Haben Sie vielleicht auch schon beobachtet, dass Sie das Gefühl haben, „zu Hause" zu sein, wenn Sie meditieren?

> *Die Selbsterkenntnis der Seele ist nichts anderes als die Erkenntnis der inkarnierten Seele, dass sie nicht der Körper ist, sondern eins ist mit der Höheren Seele. Das ist auch die Bedeutung von Yoga oder Erleuchtung.*

Wenn der verlorene Sohn zurückkehrt, kommt es zur göttlichen Vereinigung. Dies nennt man Yoga. Yoga bedeutet wortwörtlich „Vereinigung". Das Ziel des Yoga ist die Vereinigung von inkarnierter und Höherer Seele. Diese Vereinigung ist tatsächlich eine Wissenschaft, nicht nur eine Kunst. Es ist spirituelle Technologie. Die Selbsterkenntnis der Seele ist im Grunde nichts weiter als die Erkenntnis der inkarnierten Seele, dass sie nicht der Körper ist, sondern eins ist mit der Höheren Seele. Das ist die Bedeutung von Yoga oder Erleuchtung.

Die Höhere Seele und das ICH BIN

Jesus sagt in Johannes 14,6: „ICH BIN der Weg und die Wahrheit und das Leben; niemand kommt zum Vater denn durch mich." Jesus meint im

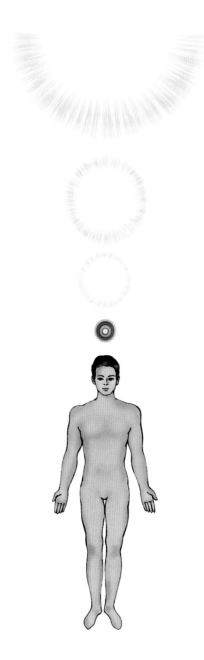

Abb. 3.1: *Der göttliche Funken in jedem Menschen ist ein Teil des Höchst Göttlichen Seins. Dieser göttliche Funken projiziert und ergießt einen Teil seiner Selbst hinab als Höhere Seele. Durch die spirituelle Schnur des Lebens projiziert und ergießt die Höhere Seele einen Teil von sich hinab als inkarnierte Seele. Die inkarnierte Seele hat ihren Sitz im 12. Chakra. Der Mensch ist tatsächlich eine Seele mit einem physischen Körper und anderen feinstofflichen Körpern.*

wörtlichen Sinne, dass das ICH BIN oder die Höhere Seele in jedem Menschen der Weg, die Wahrheit und das Leben ist. „Der göttliche Vater" bezieht sich hier tatsächlich auf den göttlichen Funken in jedem Wesen.

„ICH BIN das Leben" bedeutet, dass die Höhere Seele die Quelle des Lebens ist.

„ICH BIN die Wahrheit" bedeutet, dass die Höhere Seele die Stimme des Gewissens ist, die Stimme der Wahrheit.

„ICH BIN der Weg" bedeutet, dass die inkarnierte Seele nicht mit dem göttlichen Vater eins werden kann, ohne sich mit der höheren Seele, dem ICH BIN zu vereinigen.

Der göttliche Funken in jedem Wesen ist ein Teil Gottes. Er geht aus der Essenz Gottes hervor. Der göttliche Funken ist eins mit Gott und eins mit allem. Der göttliche Funken erstreckt sich mit einem Teil seiner selbst in die Materie „hinab" und manifestiert sich als inkarnierte Seele. In hinduistischen Lehren wird die inkarnierte Seele als Jivatma bezeichnet. Wörtlich bedeutet dies „inkarnierte oder verkörperte Seele". Die Höhere Seele heißt Atma. Der göttliche Funken wird Paramatma genannt. Das ist der Grund, weshalb Paulus sagte, dass jeder Mensch einen Körper, eine Seele und einen Geist hat (1. Thessalonicher 5,23). Hier bezeichnet das Wort „Geist" den göttlichen Funken in jedem Wesen. Um mit dem göttlichen Funken oder göttlichen Vater eins zu werden, müssen Sie zunächst das ICH BIN oder die Höhere Seele durchdringen.

4. Kapitel:
Das Herz- und das Kronenchakra

Der Körper hat Chakras. Chakras sind Energiezentren mit bestimmten psychologischen und spirituellen Funktionen. Eines der wichtigsten Zentren ist das Herzzentrum, auch bekannt als das Anahata-Chakra. Dieses Chakra steht mit Liebe, Mitgefühl und Hingabe in Verbindung. Das Herzchakra ist das „emotionale Herz". Wenn Sie Ihren Partner, Ihre Eltern, Kinder oder Verwandten lieben, dann manifestiert sich dies im Herzchakra. Es gibt auch das sogenannte „göttliche Herz", das sich oben auf dem Kronen- oder Scheitelchakra befindet. Es wird als das „Kronenzentrum" bezeichnet. Im Sanskrit ist es als das Sahasrara-Chakra bekannt. Das Kronenzentrum ist das Zentrum göttlicher Liebe, das Zentrum göttlicher Vereinigung oder des Yoga. Wenn Ihr Kronenzentrum nicht aktiviert ist, werden Sie die Erfahrung der Selbsterkenntnis der Seele oder die göttliche Vereinigung mit Ihrer Höheren Seele nicht machen können. Doch bevor das Kronenzentrum aktiviert werden kann, muss zunächst das Herzzentrum angeregt werden. Das Kronenzentrum umfasst die universelle Liebe. Wenn jemand keine Liebe für seine eigenen Eltern oder Verwandten empfinden kann, wie kann er dann erwarten, viele Menschen und auch andere Wesen lieben zu können?

Intuitive und mentale Intelligenz

Das Kronenchakra ist das Zentrum der Intuition. Was ist Intuition? Was ist der Unterschied zwischen intuitiver und mentaler Intelligenz? Im Grunde ist der Unterschied genau derselbe wie der zwischen einem Mann, der sehen kann, und einem, der blind ist. Wenn ein Blinder wissen möchte, was ein Elefant ist, muss er ihn eine Zeit lang berühren, um Informationen zu sammeln, zu verarbeiten und so eine Vorstellung vom Aussehen des Elefanten zu erhalten. Jemand, der Augen hat und sehen kann, würde einfach seine Augen öffnen und sagen: „Das ist ein Elefant." Er wüsste sofort, wie ein Elefant aussieht. Intuitive Intelligenz ist im Grunde mit dem Öffnen der Augen vergleichbar. Man öffnet sie einfach und sagt: „Ich weiß, was das ist." Mentale Intelligenz erfordert das Studium und die Anwendung von Logik mittels induktiver und deduktiver Schlussfolgerungen.

Wenn Ihr Kronenzentrum nicht aktiviert ist, können Sie die Selbsterkenntnis der Seele oder die göttliche Vereinigung mit Ihrer Höheren Seele nicht erfahren.

Viele wissenschaftliche Entdeckungen wurden durch intuitive Intelligenz gemacht. Dem Wissenschaftler schießt plötzlich eine bestimmte Idee, eine „Eingebung" durch den Kopf. Danach nutzt er seine mentale Intelligenz, um zu überprüfen, ob diese Idee richtig ist oder nicht. Viele hervorragende Geschäftsleute verfügen über intuitive Intelligenz. Sie werfen ein Auge auf bestimmte Geschäfte und Transaktionen und machen sofort Nägel mit Köpfen. Die permanente Praxis der Meditation über zwei Herzen kann einem Menschen die Fähigkeit geben, Menschen und Sachverhalte rasch zu erkennen und zu durchschauen. Menschen mit intuitiver Intelligenz überragen andere sehr bald in vielen Bereichen des Lebens.

DIE WIRKUNG DER MEDITATION ÜBER ZWEI HERZEN AUF DAS KRONENZENTRUM

Das Kronenzentrum ist normalerweise flach, doch wenn es aktiviert ist, wölbt es sich nach oben. Vielleicht ist Ihnen schon einmal ein Yogi be-

Abb. 4.1: *Herz und Kronenchakra eines Durchschnittsmenschen*

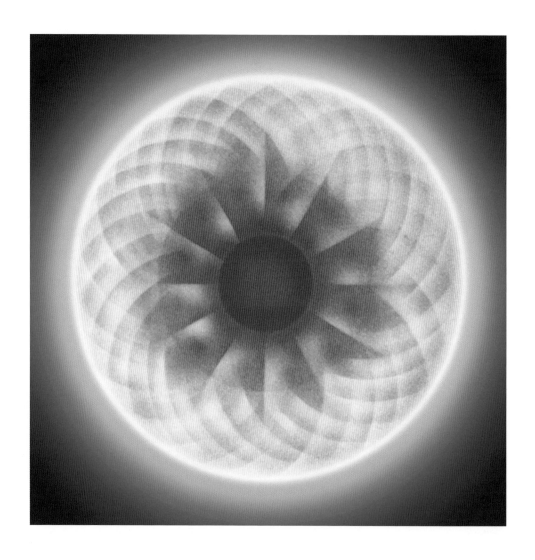

Abb. 4.2: Herzchakra

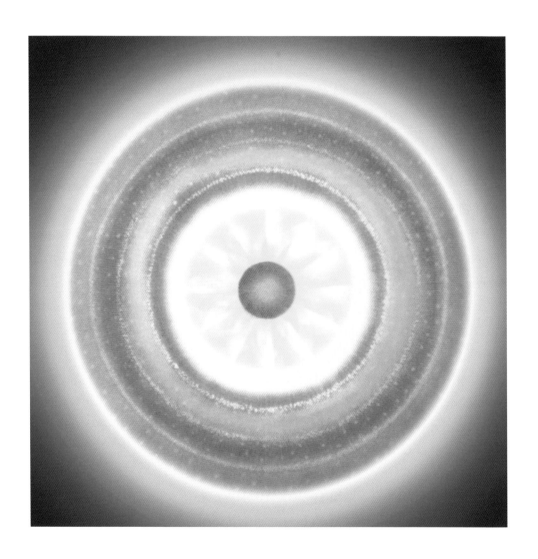

Abb. 4.3: *Kronenchakra*

gegnet, der eine Art „Schwellung" auf seinem Kopf zu haben schien, als Sie ihn aus der Entfernung betrachteten. Das bedeutet, dass das Kronenzentrum dieser Person zum Teil aktiviert ist. Wenn der spirituell Praktizierende regelmäßig über längere Zeit meditiert, öffnet sich das Kronenzentrum wie eine Lotosblüte und empfängt spirituelle Energie, die sich auf andere Körperteile ausbreitet. Manchmal kann man eine Lotosblüte, eine Sonnenblume oder eine Krone über dem Kopf eines Menschen sehen, der schon lange meditiert. Die Krone eines Königs oder einer Königin ist nur eine schwache Nachbildung oder ein Symbol des unbeschreiblich strahlenden Kronenzentrums eines spirituell voll entwickelten Wesens. Da sich das Kronenzentrum um seine eigene Achse dreht, können einige Hellsichtige auch eine Flamme aus goldenem Licht über dem Kopf eines Meditierenden wahrnehmen. In der christlichen Überlieferung wird dies durch die Mitra, die Päpste, Kardinäle und Bischöfe tragen, symbolisiert. Daneben ist auch ein goldener Schein um den Kopf zu sehen. Heilige aller Religionen, ob Christen, Buddhisten, Taoisten oder andere, haben solche sogenannten Heiligenscheine um ihren Kopf. Was bedeutet nun dieser Heiligenschein? Es bedeutet, dass das Kronenzentrum oder auch das Zentrum göttlicher Liebe stark aktiviert ist. Da es unterschiedliche Grade spiritueller Entwicklung gibt, ist auch die Größe und Leuchtkraft des Heiligenscheins unterschiedlich. Viele Heilige gründen Schulen und Krankenhäuser, um Menschen zu helfen, ihr Leben zu verbessern. Dies ist eine Manifestation liebevoller Güte oder göttlicher Liebe.

Wie lange braucht man, um das Herz- und Kronenchakra zu aktivieren? Mit gewöhnlichen Mitteln und Methoden wie zum Beispiel dem Rezitieren eines Mantras oder mit aufrichtiger Hingabe kann es zehn bis dreißig Jahre oder noch länger dauern. Mit der Praxis der Meditation über zwei Herzen dauert es vielleicht ein Jahr oder sogar noch weniger. Diese Technik wurde schon zu alten Zeiten von fortgeschrittenen Yogis auf der ganzen Welt angewendet. Sie war nur den weiter fortgeschrittenen Schülern vorbehalten.

Abb. 4.4: *Herz-und Kronenzentrum eines regelmäßig Meditierenden, der die Meditation über zwei Herzen ausübt*

Doch nun wird die Meditation über zwei Herzen allen Menschen zugänglich gemacht. Die Meditation über zwei Herzen aktiviert Herz-und Kronenzentrum sehr schnell, was notwendig ist, um Einssein mit der Höheren Seele zu erlangen. Das ist das Ziel der Meditation über zwei Herzen. Sie ist einfach, aber sehr wirkungsvoll. Die Praxis dieser Meditationstechnik wird in diesem Buch noch eingehend beschrieben.

Die Wirkung der Meditation über zwei Herzen auf das Gehirn

Das Kronenchakra kontrolliert und energetisiert das Gehirn. Durch die Praxis der Meditation über zwei Herzen werden die Gehirnzellen stark energetisiert.

Auch für Kinder bedeutet die Praxis der Meditation über zwei Herzen eine Energetisierung der Gehirnzellen. Dadurch können sie schneller denken, sind weniger launisch und emotional stabiler. Als Vorsichtsmaßnahme aufgrund ihres Alters dürfen sie allerdings die Meditation nur einmal in der Woche praktizieren.

Die Praxis der Meditation über zwei Herzen ermöglicht es, schneller zu studieren und zu lernen. In Indien gibt es Studenten, die vor ihren Prüfungen die Meditation über zwei Herzen praktizieren. Dadurch können sie sich schneller durch ihren Stoff arbeiten.

Leitende Angestellte und Manager können durch die Meditationspraxis ihre mentalen Fähigkeiten verbessern und klarer und schneller denken. Dadurch sind sie in der Lage, schnellere und bessere Entscheidungen zu treffen.

Abb. 4.5: *Bei der Praxis der Meditation über zwei Herzen werden das Herz- und das Kronenchakra aktiviert und göttliche Energie steigt auf den Praktizierenden herab und erfüllt ihn mit göttlichem Licht, Liebe und Kraft. Während die göttliche Energie durch die spirituelle Schnur in die Chakras und in die Aura fließt, werden negative Gedanken und Emotionen herausgespült und die Aura gereinigt.*

Im Allgemeinen ist es für alle Menschen aus folgenden Gründen ratsam, die Meditation über zwei Herzen regelmäßig zu praktizieren:

1. Sie erzeugt inneren Frieden.
2. Sie reinigt die Aura und Chakras, was zu mehr psychologischer Stabilität führt.
3. Sie beschleunigt die spirituelle Entwicklung.
4. Sie energetisiert die Gehirnzellen, was die Intelligenz und Denkfähigkeit erhöht.

Die Meditation über zwei Herzen hat eine reinigende und energetisierende Wirkung auf das Gehirn und das Nervensystem. Für Menschen mit Störungen in diesem Bereich ist es empfehlenswert, diese Meditation regelmäßig zu praktizieren, allerdings nicht mehr als zwei Mal wöchentlich. Eine übertriebene Praxis könnte Prana-Stauungen im Gehirn hervorrufen.

In Italien wurden erste Versuche an Patienten mit Multipler Sklerose durchgeführt, mit einer Kombination von schulmedizinischer Therapie, Meditation über zwei Herzen und Fortgeschrittener Pranaheilung. Nach sechs Monaten zeigten viele Patienten enorme Verbesserungen bei der Bewegungsfähigkeit der Arme und Beine.

5. KAPITEL:
DIE SPIRITUELLE SCHNUR

DIE GRÖSSE DER SPIRITUELLEN SCHNUR

Die inkarnierte Seele ist über eine spirituelle Schnur mit der Höheren Seele verbunden. Bei einem ganz gewöhnlichen Menschen ist diese spirituelle Schnur so dünn wie ein einziges Haar. Religiöse Menschen haben eine spirituelle Schnur mit einem Durchmesser, der dem kleinen Finger entspricht. Bei denen, die schon einen höheren Grad an Seelen-Erkenntnis erlangt haben, erscheint die spirituelle Schnur wie eine Säule aus Licht. Deshalb wird ein Heiliger oder ein fortgeschrittener Yogi manchmal auch mit einer Lichtsäule abgebildet, die sich bis hinab zum Kopf erstreckt.

SPIRITUELLE ABTRENNUNG

Wenn ein Mensch Anderen gegenüber immer wieder bösartig und verletzend ist, kann es passieren, dass die spirituelle Schnur durchtrennt wird. Dies kann auch geschehen, wenn jemand über längere Zeit hinweg ein emotional und sexuell extrem ausschweifendes Leben führt. Wenn jemand von Gier gepackt wird und sein Geld auf Kosten anderer Menschenleben verdient, oder wenn ein Mensch Anderen Leid zufügt, wird die spirituelle Schnur ebenfalls durchschnitten. Ist die spirituelle Schnur unterbrochen, wird die inkarnierte Seele zur verlorenen Seele. Das ist, was Jesus in Matthäus 16,26 sagte: „Was hilft es dem Menschen, wenn er die ganze Welt gewinnt, aber dabei sein [künftiges] Leben einbüßt?" Durch aufrichtige Reue und Umkehr, durch den Versuch, ein besserer Mensch zu werden, durch Bitten um den göttlichen

Abb. 5.1: *Die spirituelle Schnur.*
Bei einem gewöhnlichen Menschen ist sie so dünn
wie ein Haar.

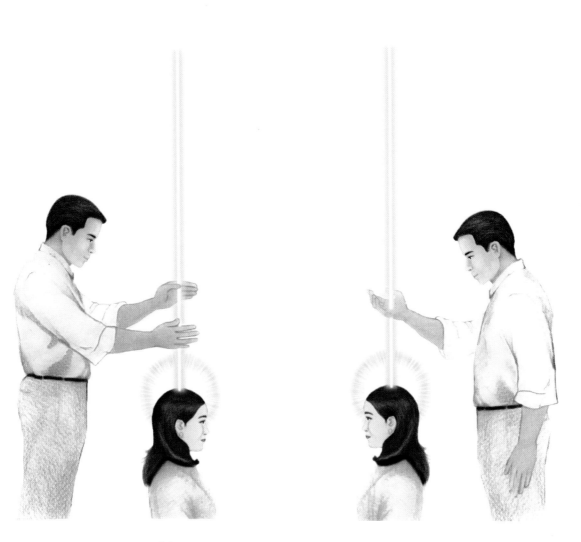

Abb. 5.2: *Die spirituelle Schnur ertasten („scannen")*

Abb. 5.3: *Die spirituelle Schnur bei regelmäßiger Praxis der Meditation über zwei Herzen und Meditation über die Seele.*

Segen und um Vergebung ist es für eine verlorene Seele möglich, sich wieder mit der Höheren Seele zu verbinden.

Die spirituelle Verbindung verstärken

Wenn ein Mensch sich darin übt, seinen Charakter zu schulen und die Tugenden zu entwickeln, wird die spirituelle Schnur stärker und dicker. Wenn die Gedanken, Worte und Taten eines Menschen unheilvoll sind und anderen schaden, nehmen Kraft und Stärke der spirituellen Schnur ab. Sie wird noch dünner, wenn dieser Mensch viele Laster hat. Deshalb sollten Laster und unheilvolles Verhalten vermieden werden. Sie schaden der Seele. Das ist der Grund, weshalb Jesus sagte, dass das, was aus dem Munde eines Menschen kommt, wichtiger sei als das, was hineingelangt. Wenn Sie etwas Unreines zu sich nehmen, verunreinigt es vielleicht den Körper. Wenn aber das, was aus dem Mund kommt, unrein ist, dann verunreinigt dies die eigene Seele wie auch die anderer Menschen. Deshalb sollten Sie nur Gutes von sich geben.

Durch aufrichtige Reue und Umkehr, durch den Versuch, ein besserer Mensch zu werden, durch Bitten um den göttlichen Segen und um Vergebung ist es für eine verlorene Seele möglich, sich wieder mit der Höheren Seele zu verbinden.

Wenn Sie die hier vorgestellten Meditationen regelmäßig ausüben, wird die spirituelle Schnur schon in wenigen Monaten so dick wie Ihr Daumen sein. Und einige Jahre später wird aus der Schnur eine Lichtsäule. Auch die Chakras und die Aura beginnen, extrem hell zu leuchten. Die Fülle von göttlicher Energie ist unglaublich groß. Deshalb sollten Sie diese Meditationen regelmäßig, wenn möglich täglich, ausüben.

EINSWERDEN MIT DER SEELE

6. KAPITEL:
DIE ERWECKUNG DER KUNDALINI

KUNDALINI IN DEN VERSCHIEDENEN RELIGIONEN

Was ist die Kundalini? Der Begriff „Kundalini", so wie er von den Yogis benutzt wird, bezieht sich auf das Heilige Feuer an der Basis der Wirbelsäule. Die Kundalini besteht aus sieben Schichten. Jede dieser Schichten enthält wiederum sieben Schichten. Deshalb gibt es beim Erwecken der Kundalini neunundvierzig verschiedene Grade. Mit anderen Worten: Es ist nicht die Frage, ob die Kundalini erweckt ist oder nicht, sondern wie sehr oder in welchem Ausmaß sie erweckt ist. Selbst bei gewöhnlichen Menschen ist die Kundalini bereits zu einem gewissen Grade aktiviert, wenn auch nur sehr schwach.

Was bewirkt die Kundalini bei der Ausübung spiritueller Praktiken? Die Kundalini-Energie befähigt die Gehirnzellen, spirituelle Erfahrungen und Eindrücke wahrzunehmen. Die qualitative Beschaffenheit des Körpers, vor allem des Gehirns und des Nervensystems, verbessert und steigert sich. Nach einer bestimmten Zeit kann aus einem Menschen, dessen Kundalini bereits zu weiten Teilen erweckt ist, ein Genie, eine charismatische Führungspersönlichkeit oder ein großer spiritueller Lehrer werden. In Ägypten wird die Erweckung der Kundalini-Energie, die bis zum Kopfzentrum hochgestiegen ist, durch eine Schlange auf der Kopfbedeckung des Pharaos symbolisiert. Der Pharao der Antike sollte ein erleuchtetes Wesen, eine spirituell fortgeschrittene Seele sein, die ihr Volk wohlwollend führt und regiert. In China stellte man einen Heiligen, bei dem die Kundalini vollständig erweckt war, auf einem Drachen stehend oder reitend dar. Deshalb zeigen manche Bilder

Bodhisattva Kuan Yin in dieser Weise. In Indien wird das Ausmaß, in dem die Kundalini erweckt ist, durch die Anzahl von Kobras, die sich über dem Kopf des Yogi schlängeln, dargestellt. Die Anzahl der Kobras symbolisiert die Anzahl der Schichten der Kundalini, die erweckt sind. Manchmal sieht man die Statue eines meditierenden Yogi mit einer, drei oder sogar fünf Schlangen über seinem Kopf. Doch nur selten finden Sie eine Skulptur, die sieben Kobras über dem Kopf des Yogi zeigt. Sieben Kobras repräsentieren eine wahrhaft große Seele, einen großen spirituellen Lehrer.

Ein Mensch, dessen Kundalini bereits zu weiten Teilen erweckt ist, kann ein Genie, eine charismatische Führungspersönlichkeit oder ein großer spiritueller Lehrer werden.

BEFRUCHTENDE WIRKUNGEN

Wenn die Kundalini erweckt wird, werden die positiven und negativen Eigenschaften eines Menschen in großem Ausmaß verstärkt. Die Kundalini-Energie wirkt wie Dünger. Ganz gleich, welches Samenkorn sich im Boden befindet, sein Wachstum wird stark angeregt. Ebenso werden alle alten Samen, die im Menschen bereits vorhanden sind, verstärkt – ganz gleich ob gut oder schlecht. Deshalb durchlebt ein Mensch, der den spirituellen Weg geht, mitunter schwere innere Konflikte. Daher ist es wichtig, innere Reinigung zu praktizieren. Einer der Nebeneffekte einer unsachgemäßen oder vorzeitigen Erweckung der Kundalini ist ein exzessiver oder ungezügelter Sexualtrieb. Dabei kann jemand außer Kontrolle geraten und zu einer sex-besessenen Person werden. Manchmal entwickelt ein Mensch auch extremen Hochmut oder Größenwahn.

RICHTIGE UND GEFAHRLOSE ERWECKUNG DER KUNDALINI

Es gibt viele Methoden, die Kundalini zu erwecken, doch muss dies auf die richtige Weise getan werden. Dazu gehört eine entsprechende Vorbereitung. Als Erstes müssen der physische und der Energiekörper gereinigt oder geläutert werden, so dass die Kundalini-Energie, wenn sie einmal zu einem höheren Grad aktiviert ist, frei fließen kann, ohne gestaut zu werden und dem physischen Körper Schaden zuzufügen. Als Zweites ist es wichtig, regelmäßig innere Reinigung durch Charakterbildung zu praktizieren. Dies erreicht man durch die Entwicklung der Tugenden und das Ablegen von Lastern oder inneren Schwächen. Drittens müssen die oberen Chakras, besonders das Herz- und Kronenchakra, aktiviert werden, bevor man die Kundalini erweckt. Diese beiden Chakras sind äußerst wichtig. Die Aktivierung des Herzchakras stellt sicher, dass die erhöhten intellektuellen Fähigkeiten und die Zunahme an Willenskraft eingesetzt werden, ohne zu schaden oder zu verletzen. Die Aktivierung des Kronenchakras macht es möglich, dass die spirituelle Energie in den gesamten Körper fließen kann, um: l. die Kundalini ohne Schaden zu erwecken 2. sie zu einem höheren Grad zu erwecken und 3. die Kundalini-Energie richtig zu lenken. Durch die spirituelle Energie wird die Kundalini-Energie zu den oberen Chakras und zum Kronenzentrum gebracht.

Anhand der Ähnlichkeiten zwischen verschiedenen Überlieferungen lassen sich spirituelle Wahrheiten von einer universellen Perspektive aus verstehen, über die Grenzen eines einzelnen Kulturkreises hinaus. Wir können daraus erkennen, dass die Wahrheit etwas Universelles ist. Genauso wie das Gesetz der Schwerkraft nicht ausschließlich für Engländer gilt, sind auch die spirituellen Wahrheiten nicht auf irgendein Land oder einen Kulturkreis beschränkt. Sie sind nicht das Eigentum einer bestimmten Kultur oder Religion.

Abb.6.1: *In Ägypten wird die Erweckung der Kundalini-Energie, die bis zum Kopfzentrum hochgestiegen ist, durch eine Schlange auf der Kopfbedeckung des Pharaos symbolisiert. Der Pharao der Antike sollte ein erleuchtetes Wesen, eine spirituell fortgeschrittene Seele sein, die ihr Volk wohlwollend führt und regiert.*

Abb. 6.2: Die Anzahl der Kobras symbolisiert die Anzahl der Schichten der Kundalini, die erweckt sind. Die Kundalini hat sieben Schichten, die erweckt werden können. Sieben Kobras repräsentieren eine wahrhaft große Seele, einen großen spirituellen Lehrer.

In der indischen Überlieferung verkörpert Shiva die spirituelle Energie, während die Kundalini-Energie von Shakti, der weiblichen Energie, repräsentiert wird. In der christlichen Überlieferung wird die spirituelle Energie als „Herabsteigen des Heiligen Geistes" bezeichnet, und die Kundalini-Energie ist das „Heilige Feuer". In der Bibel sagte Johannes der Täufer: „Ich taufe euch mit Wasser […], der aber nach mir kommt, ist stärker als ich, […]. Der wird euch mit dem Heiligen Geist und mit Feuer taufen."(Matthäus 3,11) Mit anderen Worten: Jemand wird kommen und ihnen eine spirituelle Einweihung oder Ermächtigung geben. Im Sanskrit wird diese spirituelle Ermächtigung Shaktipat genannt.

Der Heilige Geist ist die spirituelle Energie, während das Heilige Feuer die Kundalini darstellt, die an der Basis der Wirbelsäule zu finden ist. Wenn Shiva und Shakti sich vereinigen oder wenn der Heilige Geist und das Heilige Feuer eins werden, erweckt die spirituelle Energie die Kundalini-Energie und zieht sie zum Kronenchakra hoch, was zu spiritueller Erleuchtung oder einer Bewusstseinserweiterung führt.

In der europäischen Tradition bezeichnet man diese spirituelle Energie auch als „Märchenprinz" und die Kundalini als „schlafende Schönheit" oder „schlafende Prinzessin". In dem Moment, in dem der Märchenprinz die schlafende Schönheit wach küsst, wird die „schlafende" Kundalini-Energie geweckt, und zusammen steigen sie zur Krone auf. Der Prinz und die Prinzessin leben von da an „für immer glücklich vereint". Manche Märchen werden von großen spirituellen Lehrern ersonnen, um denjenigen Menschen spirituelle Lehren und Praktiken verständlich zu machen, die die erforderliche Reife dafür haben.

In der chinesischen Überlieferung, sowohl in der buddhistischen als auch in der taoistischen, ist es wichtig, das Pai Hui oder Kronenchakra zu

„öffnen", um die Tian Chi, was wörtlich „Himmelsenergie" bedeutet, hinunterzuziehen. Dies ist ein anderer Begriff für spirituelle Energie. Wenn große Mengen an Tian Chi durch das Pai Hui in den Körper fließen, wird die schlafende Kraft in einem Wesen geweckt.

Anhand der Ähnlichkeiten zwischen verschiedenen Überlieferungen lassen sich spirituelle Wahrheiten von einer universellen Perspektive aus verstehen, über die Grenzen eines einzelnen Kulturkreises hinaus. Wir können daraus erkennen, dass die Wahrheit etwas Universelles ist. Genauso wie das Gesetz der Schwerkraft nicht ausschließlich für Engländer gilt, sind auch die spirituellen Wahrheiten nicht auf irgendein Land oder einen Kulturkreis beschränkt. Sie sind nicht das Eigentum einer bestimmten Kultur oder Religion.

Was ist nun die Quelle der spirituellen Energie? Spirituelle Energie fließt von der Höheren Seele eines Menschen herab. Die Höhere Seele empfängt diese Energie von ihrem spirituellen Lehrer oder von anderen spirituellen Lehrern, den höheren Wesen, heiligen Engeln oder den großen Devas. Deva bedeutet „leuchtendes Wesen". Mit anderen Worten: Spirituelle Energie ist Energie, die hauptsächlich von einem oder mehreren spirituellen Lehrern, heiligen Engeln, höheren Wesen und zu einem gewissen Maße auch von der eigenen Höheren Seele stammt. Deshalb ist es so wichtig, vor jeder spirituellen Übung um göttlichen Segen zu bitten.

Die spirituellen Lehrer, höheren Wesen und heiligen Engel sind Kanäle und Transformatoren, die die Stärke der göttlichen Energie des Höchst Göttlichen Seins reduzieren. Sie helfen auch bei der Lenkung der feinstofflichen Energien sowie des feinstofflichen und des physischen Körpers, um die erwarteten Wirkungen zu erzielen.

MEDITATION ÜBER ZWEI HERZEN UND DIE ERWECKUNG DER KUNDALINI-ENERGIE

Allen spirituell Praktizierenden, die an einer gefahrlosen und effektiven Methode zur Erweckung ihrer Kundalini-Energie interessiert sind, sei die Meditation über zwei Herzen empfohlen. In dieser Meditation werden zunächst das Herz- und Kronenchakra stark aktiviert. Dadurch fließen große Mengen spiritueller Energie zum Ende der Wirbelsäule und erwecken die Kundalini zu einem höheren Grad, regulieren ihre Kraft und lassen sie zu den oberen Chakras und zum Kronenchakra aufsteigen.

Bei der Ausübung der Meditation über zwei Herzen kann das Gefühl entstehen, als ob Ihr Kopf nach unten gedrückt würde. Diese Empfindung entsteht durch das Herabfließen der spirituellen Energie. Es kann sich auch ein Gefühl einstellen, als ob Energie in Ihrer Wirbelsäule aufsteigt. Das ist die aufsteigende Kundalini. Wenn die Kundalini-Energie am Kronenchakra angelangt ist, haben manche das Gefühl, als würde ihr Kopf explodieren, oder sie sehen eine Fontäne aus Licht. Andere wiederum fühlen sich, als würde eine Energie sie hochziehen. Es kann auch ein Zustand der Hellsichtigkeit entstehen, in dem man meint, Sterne und ganze Galaxien sehen zu können, oder sich fühlt, als dehne sich das Bewusstsein über den gesamten Kosmos aus. Wenn Sie während Ihrer Meditation Phänomene solcher Art erleben, seien Sie darüber nicht erschrocken. Was ist das Schlimmste, was passieren kann? Gar nichts. Sie werden einfach nur eine angenehme spirituelle Erfahrung machen.

Wenn Sie meditieren, müssen Sie Ihren Körper genau beobachten. Wenn Sie Schmerzen oder gar starke körperliche Beschwerden spüren, sollten Sie die Meditation sofort abbrechen. Ruhen Sie sich ein paar Tage oder vielleicht sogar eine ganze Woche lang aus. Sollte Ihnen zu heiß werden, setzen Sie für eine Woche oder länger mit der Praxis aus, bis sich Ihr Körper wieder normalisiert hat. Wenn Sie sich durch die Meditation schwach fühlen, bedeutet das nicht, dass der Körper energetisch erschöpft ist. Vielmehr wurde im Körper zu viel Energie gestaut. Setzen Sie Ihre spirituelle Praxis für eine oder mehrere Wochen aus, bis alles wieder im Gleichgewicht ist. Machen Sie gleichzeitig täglich viele Körperübungen, um die überschüssige Energie auszuleiten, bis sich Ihr Zustand verbessert hat.

Andere Methoden zur Erweckung der Kundalini

Eine weitere Methode, die Kundalini zu erwecken, ist ein Schlag auf das Steissbein. Von dieser Methode ist jedoch dringend abzuraten. Sie kann zur Schädigung der Wirbelsäule und des Gehirns führen. Außerdem kann sie den feinstofflichen Energiekanälen, auch Nadis genannt, schaden. Bei dieser Methode werden eher die unteren als die oberen Chakras aktiviert. Dadurch kann es passieren, dass die niederen Instinkte übermäßig geweckt werden. Das ist nicht Sinn der Sache.

Ein Beispiel hierfür ist ein Yogi, der auf einem Stuhl saß. Plötzlich brach der Stuhl zusammen, und der Yogi fiel mit seinem Steissbein auf einen Felsen. Er spürte einen immens starken Schmerz, gefolgt von einem Energiestoß, der an seiner Wirbelsäule hochschoss. Nach diesem Zwischenfall hatte er unglücklicherweise für längere Zeit ein übermäßig starkes sexuelles Verlangen. Dabei hatte er noch Glück, denn sein Rückgrat und das Nervensystem wurden durch diese versehentliche gewaltsame Kundalini-Erweckung nicht geschädigt.

Ein weiteres Beispiel ist eine Frau, die beim Duschen auf ihr Gesäß fiel. Sie spürte einen äußerst starken Schmerz und eine Energie, die ihr die Wirbelsäule hochfloss. Sie entwickelte eine chronische Müdigkeit, deren

Behandlung erfolglos blieb. Dies ist eines der Symptome des sogenannten „Kundalini-Syndroms". Der Betroffene verspürt eine ausgeprägte chronische Müdigkeit, doch in Wirklichkeit handelt es sich nur um einen extrem starken Energiestau im feinstofflichen Körper.

Die Kundalini kann auch durch spezielle Übungen und Praktiken des Hatha-Yoga erweckt werden. Korrekt und unter der Anleitung eines kompetenten Lehrers ausgeführt, ist diese Methode relativ gefahrlos, jedoch langsam. Sie ist nicht so kraftvoll oder so schnell wie die Anwendung fortgeschrittener spiritueller Techniken.

Daneben kann die Kundalini auch durch Visualisationstechniken und Mantras erweckt werden, durch bewusstes Heraufbringen von unten nach oben. Dies ist eine alte Methode. Hier besteht jedoch die Gefahr, dass die unteren Zentren und die mit ihnen verbundenen Instinkte übermäßig stark aktiviert werden, wenn zuvor keine gründliche innere Reinigung erfolgt ist. Für die gegenwärtigen Lebensumstände, in denen sich die meisten Menschen heutzutage befinden, ist diese Methode nicht geeignet. Wir werden ständig mit sexuellen und anderen Reizen bombardiert, die zu einem zwanghaften und übersteigerten Verlangen nach materiellen Dingen führen. In vielen Filmen werden Charaktere gezeigt, deren Sprache verkommen ist, die gewalttätig, egozentrisch und selbstverliebt sind. All dies gab es zu früheren Zeiten nicht. Die genannte Methode ist also für spirituell Praktizierende, die in einem solchen sozialen Umfeld leben, nicht geeignet.

7. Kapitel:
Physische und Innere Reinigung

Physische Reinigung

Wenn Sie beginnen zu meditieren, sollten Sie Ihren Körper rein halten. Warum sollte eine körperliche Reinigung stattfinden? Im Neuen Testament heißt es bei Matthäus 9,17: „Man füllt auch nicht neuen Wein in alte Schläuche." Warum nicht? Der alte Weinschlauch ist bereits gedehnt. Füllt man neuen Wein, der noch gärt, in den alten Schlauch, so wird der Druck des bei der Gärung entstehenden Gases den Schlauch zum Platzen bringen. Der Schlauch steht hier für den physischen Körper. Der neue Wein korrespondiert mit der von oben in den Körper einfließenden spirituellen Energie. Sie müssen Ihren Körper sozusagen zu einem neuen Weinschlauch machen, um darauf vorbereitet zu sein, höhere Energien zu empfangen. Wenn Sie Ihren Körper nicht reinigen, wird er krank. Sie werden ein Kundalini-Syndrom bekommen, das sich in Schlaflosigkeit, chronischer Müdigkeit, Hautreizungen, Bluthochdruck, Überhitzung des Körpers und anderen Symptomen äußern kann.

Körperliche Reinigung beinhaltet eine angemessene Ernährung sowie Körper- und Atemübungen. Wenn Sie spirituelle Praktiken ausüben, ist es sehr wichtig, dass Sie kein Schweinefleisch essen. Aus der Perspektive eines Hellsichtigen betrachtet, ist Schweinefleisch extrem unrein. Sie können generell etwas Fleisch essen, doch nicht zuviel. Sie sollten auch auf Fisch ohne Schuppen verzichten, wie zum Beispiel Aal und ähnliche Sorten, denn auch sie sind hellsichtig betrachtet energetisch unrein. Wenn Sie sich vorwiegend vegetarisch ernähren können, ist dies umso besser.

Ebenso wichtig sind alle Arten von körperlicher Ertüchtigung. Dies beseitigt verbrauchte Energie und ermöglicht es der spirituellen Energie, mit weniger Widerstand in den Energie- und den physischen Körper zu fließen. Dadurch wird der Körper auf die spirituelle Erleuchtung oder Samadhi vorbereitet. Wenn Sie Ihren Körper rein und gesund halten, kann er größeren Mengen an höherer Energie besser standhalten.

INNERE REINIGUNG

Noch wichtiger als körperliche Reinigung ist die innere Reinigung. Wie macht man das? Achten Sie auf das, was Sie denken, fühlen und sagen. Das ist das Wesentliche. Was aus dem Mund herauskommt, ist wichtiger als das, was in ihn hineingelangt. Wenn Sie etwas Unreines essen, belastet dies den Körper mit Verunreinigungen. Doch erinnern Sie sich: Sie sind nicht der Körper! Wenn das, was aus dem Verstand oder aus dem Mund kommt, unrein ist, verunreinigt dies die inkarnierte Seele. Es ist nutzlos, reine Nahrung zu sich zu nehmen, wenn das, was aus dem Mund kommt, unrein ist. Ihre Ausdrucksweise muss höflich sein. Sie können nicht mit Schlamm werfen, ohne sich selbst zu beschmutzen. Welchen Sinn hat es, immer wieder aufs Neue schlecht zu denken und zu reden und dadurch Ihre inkarnierte Seele im Schlamm zu suhlen?

Durch gründliche Läuterung kann Ihre inkarnierte Seele auf einer höheren Ebene des Bewusstseins aktiv werden, bis sie schließlich in der Lage ist, sich mit Ihrer Höheren Seele zu vereinigen.

Einmal wurde einer spirituellen Schülerin ein Shaktipat, eine spirituelle Ermächtigung, zuteil. Eine Zeit lang dehnte sich ihr Bewusstsein immer weiter in höhere Spähren aus, doch dann sank es wieder ab. Was war der

Grund dafür? Das „Gewicht ihrer inneren Verunreinigungen" zog ihr Bewusstsein wieder nach unten. Sie, die inkarnierte Seele, sind wie ein Ballon. Werfen Sie den Ballast der Verunreinigungen ab und sie werden imstande sein, zu fliegen. Sie werden spirituell leichter. Die Höhere Seele ist rein, aber die inkarnierte Seele watet im Schlamm.

Charakterbildung ist sehr wichtig, denn auf diesem Wege wird die inkarnierte Seele gereinigt. Durch gründliche Läuterung kann Ihre inkarnierte Seele auf einer höheren Bewusstseinsebene aktiv werden, bis sie schließlich in der Lage ist, sich mit Ihrer Höheren Seele zu vereinigen.

8. Kapitel:
Die Erweiterung des Bewusstseins

OM

Der menschliche Körper und der Verstand sind wie empfindliche elektronische Geräte, die Botschaften empfangen und aussenden können. Wie ein Radio können sie Signale von vielen Sendern empfangen. Haben Sie schon einmal die Erfahrung gemacht, dass Sie sich in Gegenwart einer warmherzigen Person mit einem sonnigen Gemüt wohl fühlen? Sicherlich sind Sie auch schon einmal einem Menschen begegnet, der so pessimistisch und zynisch war, dass Sie nach wenigen Minuten das Bedürfnis hatten, das Weite zu suchen. Dies geschieht, weil Gefühle sich von einer Person zur anderen übertragen.

Es gibt da die Geschichte von einem brasilianischen Mann, der in die Meditation vertieft war. Plötzlich verspürte er das Bedürfnis, eine Waffe zu kaufen. Er fragte sich selbst: „Warum will ich denn bloß eine Waffe kaufen? Ich bin ein Pazifist. Genau wie Mahatma Gandhi glaube ich an die Gewaltlosigkeit." Drei Tage später fand er dies heraus: Sein Nachbar war nach einer Auseinandersetzung mit jemandem so in Zorn geraten, dass er eine Waffe kaufen wollte, um diese Person zu erschießen. Der Brasilianer nahm in der Meditation tatsächlich die Gefühle von Zorn und Gewalt wahr, die sein Nachbar nebenan gerade spürte.

Wenn Sie in einer Stadt mit zehn Millionen Einwohnern leben würden, können Sie sich vorstellen, wie zehn Millionen Menschen gleichzeitig alle möglichen Gedanken und Gefühle in alle Richtungen aussenden? Angenommen, Sie wären sehr sensibel, wie würden Sie sich fühlen, wenn Sie in einer solchen Stadt lebten? Das ist der Grund, weshalb sich Yogis in die Einsamkeit der Berge zurückziehen, weil dort nur wenige Menschen leben.

Wenn Sie meditieren, bemerken Sie dann auch, dass sich Ihnen immer wieder viele Gedanken aufdrängen? Einige davon sind Ihre eigenen, aber viele andere kommen von Außen. Sie schwimmen sozusagen in einem wogenden Meer turbulenter Gefühle und Gedanken. Wie gehen Sie damit um? Indem Sie sich auf eine höhere Frequenz einstimmen. Statt Signale von niederen Frequenzen aufzunehmen, können Sie auch solche von höheren Stationen empfangen.

In der Kabbala und im Buch Zohar gibt es 72 Namen für Gott. Einer dieser Namen ist Aleph Vau Mem, drei hebräische Buchstaben, die in der lateinischen Schrift den Buchstaben A, V (oder U) und M entsprechen. Mit anderen Worten: AUM ist einer der 72 Namen Gottes. Es ist in der Tat sehr interessant, dass AUM auch von den Kabbalisten verwendet wird.

Wenn Christen Gott beschreiben wollen, beginnen sie immer mit dem Wort OM. Wenn sie zum Ausdruck bringen wollen, dass Gott allmächtig ist, sagen sie, Gott sei omnipotent. Wenn sie darauf hinweisen wollen, dass Gott überall ist, sagen sie, Gott sei omnipräsent. Bemerken Sie, dass alle diese Wörter mit „OM" beginnen. Das Wort Amen ist eine vereinfachte Version des Mantras AUM. Es steht auch mit der Schöpfung in Verbindung, ist jedoch mehr eine Schlussfolgerung. Es ist wie der Punkt am Ende eines Satzes. Gebete im Judentum, im Islam und im Christentum enden mit „Amen". Die innere Bedeutung von Amen ist: „Im Namen Gottes, so sei es".

*Das Mantra OM oder AUM hat eine reinigende Wirkung und
bringt das Bewusstsein auf eine höhere Ebene. Durch wiederholtes
Singen des Mantras OM oder AMEN wird die inkarnierte Seele
gereinigt und kann dadurch zur Vereinigung mit der Höheren
Seele gelangen.*

Durch wiederholtes Singen des Mantras OM oder AMEN wird die inkarnierte Seele gereinigt und kann dadurch zur Vereinigung mit der Höheren Seele gelangen. Man könnte OM auch anwenden, um einen Gegenstand, einen bestimmten Ort oder Bereich zu reinigen. Wenn jemand unter seelischen Verletzungen oder anderen Problemen leidet, kann die regelmäßige Wiederholung des Mantras OM oder Amen helfen, langfristig über diese Probleme hinwegzukommen. Lassen Sie uns ein kleines Experiment machen. Singen oder sprechen Sie das Mantra OM oder Amen langsam zwölfmal und beobachten Sie, was geschieht. Wenn Sie damit fertig sind, versuchen Sie, Hass- oder Ärgergefühle zu spüren oder jemanden zu kritisieren. Sie werden feststellen, dass dies nicht leicht fällt. In der Meditation über zwei Herzen verwenden wir das Mantra OM, um das Bewusstsein auf eine höhere Ebene anzuheben.

VON DER SEXUELLEN VEREINIGUNG ZUR SPIRITUELLEN INNIGKEIT

Das Mantra OM oder AUM ist mit dem Klang der Schöpfung verbunden. Wenn sich ein Mensch in tiefer Meditation befindet, kann er das innere OM oder AUM hören. In der Rig-Veda heißt es: „Am Anfang war Brahman, und mit ihm war das Wort; und das Wort war der wahrhaft höchste Brahman." In der Bibel findet man bei Johannes 1,1 eine ähnliche Aussage: „Am Anfang war das Wort, und das Wort war bei Gott, und das Wort war Gott." Im Buch 1, Vers 27 der Yoga-Sutras von Patanjali heißt es: „Das Wort von Isvara (Gott) ist AUM oder OM."

Wenn sich zwei Menschen lieben, geben sie im Zustand höchster Glückseligkeit instinktiv die Laute „Ahhh", „Ohhh" und „Mmmm" von sich. Dies ist OM oder AUM, das Wort der Schöpfung. Daraus können wir erkennen, dass der Liebesakt seiner Natur nach nicht nur mit Sexualität und Verliebtsein zu tun hat, sondern das Potenzial der göttlichen Vereinigung in sich trägt. Sexuelle Vereinigung, auf die richtige Art und Weise praktiziert, wird zu einem heiligen Akt. Sie kann zum Verschmelzen nicht nur zweier Körper, sondern auch zweier Seelen führen – vereinigt in Liebe, Zärtlichkeit und Glückseligkeit. Um dies zu erreichen, muss erstens gegenseitiger Respekt und Liebe für den anderen da sein, zweitens sollten beide Partner vor der sexuellen Vereinigung am besten die Meditation über zwei Herzen ausführen und drittens ist es wichtig, einander während des Liebesakts immer wieder in die Augen zu schauen, denn die Augen sind die Fenster der Seele und die Fenster zur Seele. Viertens sollte das Göttliche im anderen erkannt und willkommen geheißen werden. Dies können Sie tun, indem Sie öfters den folgenden Satz wiederholen: „Ich grüße das Göttliche und die Göttin oder den Gott in dir."

Wenn diese vier Voraussetzungen erfüllt sind, wird der Geschlechtsakt zum heiligen Akt. Mit der Zeit kann so eine liebevolle und ekstatische Vereinigung zweier Seelen entstehen und Sie können mit Ihrer Höheren Seele Eins werden: Sie spüren das Einssein mit dem grenzenlosen Meer der Liebe und Glückseligkeit! Eine solch intensive spirituelle Innigkeit ist mit Worten kaum zu beschreiben. Man muss sie erfahren, um sie wirklich schätzen zu lernen.

GEBURT UND SPIRITUELLE ERLEUCHTUNG

Wenn eine Frau ein Kind zur Welt bringt, gibt sie ebenfalls instinktiv Laute wie „Ahhh" von sich, wenn sie erste Wehen verspürt, und „Ohhh" und

„Mmmm", wenn die Presswehen einsetzen. Dies ist wiederum das Mantra OM oder AUM, das schöpferische Wort. Im Moment der Geburt fließen enorme Mengen an spiritueller Energie auf Mutter und Kind herab. Wenn eine Frau in diesem Augenblick ihre Aufmerksamkeit nach innen richtet, kann sie mit dem inneren Licht in Kontakt kommen und sich mit diesem göttlichen Licht vereinigen. Um dazu imstande zu sein, sollte die Frau wenigstens einige Male vor der Geburt die Meditation über die Seele praktizieren, wie sie in Kapitel 17 beschrieben ist. Der Autor selbst hat mit vielen Frauen gesprochen, die ein Kind geboren haben, und die meisten von ihnen gaben an, dass sie ein intensives Gefühl der Glückseligkeit oder des Wohlbefindens erlebten. Viele von ihnen sagten auch, sie hätten eine bestimmte Energie, eine Art elektrischen Strom gespürt, der durch ihren Körper floss. Durch die Zeugung und den Geburtsvorgang wird eine Frau zur Mitschöpferin, was allein schon ein wahres Wunder ist. Es ist für Frauen, die kurz vor einer Geburt stehen, sehr wichtig, diese seltene spirituelle Gelegenheit wahrzunehmen, Erleuchtung und Göttliches Einssein zu erfahren.

9. KAPITEL: INNERE STILLE ERLANGEN

INNERER LÄRM

Wissen Sie, was eine Aura ist? Die Aura ist das Licht, das den Körper umgibt. Jeder Mensch hat eine Aura. Die Aura von Heiligen ist sichtbar, da sie sehr dicht und rein ist. Die Aura eines gewöhnlichen Menschen ist nicht leicht zu sehen, weil sie nicht so stark ausgeprägt ist. In der Aura gibt es gräuliche Wolken, die aus den negativen Gedanken und Gefühlen bestehen, die ein Mensch über viele Jahre hinweg selbst erzeugt hat. Jeden Tag, 365 Tage im Jahr, denken und fühlen Sie. Sie können sich sicherlich vorstellen, wie viele Gedanken und Gefühle sich in Ihrer Aura angesammelt haben. Für einen Hellsichtigen erscheinen diese Gedanken und Gefühle eines gewöhnlichen Menschen als gräuliche Wolken in der Aura.

Ist Ihnen in der Meditation schon einmal aufgefallen, wie viele Gedanken plötzlich kommen und gehen? Man nennt dies „inneren Lärm". Bisher war der Verstand ständig damit beschäftigt, pausenlos von einem Gedanken zum nächsten zu springen. Nur waren Sie sich dessen nicht bewusst. Die grauen Wolken in der Aura sind die Hauptquelle dieses inneren Lärms. Er stört die Kommunikation zwischen der Höheren Seele und der inkarnierten Seele. Er verhindert, dass die Höhere Seele mit der inkarnierten Seele Kontakt aufnehmen kann.

Ramana Maharshi, ein großer Yogi und Heiliger, wandte eine bestimmte Technik an, um den inneren Lärm abzustellen. Er setzte sich hin, schaute sich die Wolken aus Gedanken und Gefühlen einfach an und hungerte sie buchstäblich aus – bis sie nicht mehr da waren. Gedanken und Gefühle sind lebendige Wesenheiten. Wenn Sie sie also nur betrachten und nicht auf sie reagieren, geben Sie ihnen keine weitere Nahrung. Auf diese Weise verlieren sie nach und nach ihre Energie und lösen sich schließlich auf. Dieser Prozess dauert jedoch sehr lange.

Manchmal möchte die Höhere Seele mit der inkarnierten Seele Kontakt aufnehmen. Die Höhere Seele „ruft" sozusagen fortwährend die inkarnierte Seele, doch diese hört ihre Stimme nicht. Sie reagiert nicht. Der Grund dafür ist nicht, dass die inkarnierte Seele taub ist. Es ist nur so, dass der innere Lärm, der durch die aufgewühlten Energien in der Aura und den Energiezentren erzeugt wird, es der Höheren Seele schwer macht, mit der inkarnierten Seele zu kommunizieren.

Reinigung der Aura und Erlangen von innerer Stille

Um es der Höheren Seele zu ermöglichen, mit der inkarnierten Seele in Verbindung zu treten, ist es wichtig, Stille im Geist zu erlangen. Sie können jedoch nicht zur Seelenerkenntnis gelangen, indem Sie einfach nur versuchen, Ihrem Geist Stille aufzuerlegen. Wichtig ist, diese gräulichen Wolken lärmender Gedanken und Gefühle in Ihrer Aura zu reinigen und schließlich vollständig aufzulösen. Dies kann durch die Technik des spirituellen „Ausspülens" erreicht werden. Wenn man die Meditation über zwei Herzen praktiziert, werden Herz- und Kronenchakra eingesetzt, um die gesamte Erde, jeden Menschen und jedes Lebewesen mit liebevoller Güte zu segnen. Der Meditierende wird dadurch zu einem Kanal für diese spirituelle Energie.

Wenn die spirituelle Energie durch die spirituelle Schnur ins Kronen- und Herzzentrum hinabfließt, wird sie in die Aura ausgestrahlt und trägt dazu bei, dass aufgewühlte, lärmende Gedanken und Gefühle „ausgespült"

Abb. 9.1: *Der innere Lärm: Wolken von Gedanken und Gefühlen in der Aura eines Durchschnittsmenschen*

werden. Einige von ihnen werden dabei auch aufgelöst. Durch regelmäßiges Praktizieren der Meditation über zwei Herzen wird die Aura innerhalb kurzer Zeit relativ klar und rein. Sie spüren dann eine innere Ruhe und Gelassenheit. Jetzt sind Sie bereit, innere Stille zu erfahren.

WIE MAN STILLE ERLANGT

In Indien gibt es ein altes Sprichwort. Es besagt: „Wenn das Wasser aufgewühlt ist, kannst Du den Grund nicht sehen." Wenn das Wasser aber ruhig ist, können wir förmlich hindurchschauen. Genauso können Sie Ihr wahres Wesen erkennen, wenn sich Ihr Geist und Ihre Gefühle in Stille befinden. Dann können Sie eins werden mit Ihrer Höheren Seele. Dies wird im Buddhismus als „Erkenntnis der eigenen Buddha-Natur" bezeichnet.

Wie erlangen Sie Stille? Sie erreichen sie nicht dadurch, dass Sie den Fluss der Gedanken anhalten, sondern indem Sie sich der inneren Stille bewusst werden. Wo ist diese innere Stille zu finden? Sie ist im Zwischenraum. Das Mantra OM ist hilfreich, doch nicht ausreichend. Noch wichtiger ist es, sich der Pausen zwischen zwei OMs bewusst zu werden. Zwischen zwei OMs gibt es eine Pause, eine Lücke, in der Stille herrscht. Man nennt dies die „Meditation über die Pause".

Wenn Sie Achtsamkeits-Meditation über den Atem machen, sollten Sie nicht nur des Ein- und Ausatmens gewahr sein. Noch wichtiger ist es, sich der Pause zwischen den Atemzügen, also zwischen dem Ein- und Ausatmen sowie zwischen dem Aus- und Einatmen, bewusst zu werden. Hier – in dieser Pause – ist die Stille zu finden. Man muss sich immer wieder dieser Stille bewusst werden.

„Seid stille und erkennet, dass ich Gott bin." (Psalm 46,10)
Durch innere Stille wird man sich nicht nur der göttlichen
Gegenwart im eigenen Selbst bewusst. Man kann auch die
alles durchdringende göttliche Gegenwart erfahren.

Sie sollten Achtsamkeits-Meditation über die Gedanken praktizieren. Es kommt darauf an, nicht nur der Gedanken gewahr zu sein, die im Geist kommen und gehen, Sie sollten sich auch der Pause zwischen zwei Gedanken bewusst sein, denn in dieser Pause finden Sie die Stille. Wenn Sie sich immer wieder dieser inneren Stille bewusst werden, kommt es zu einer Bewusstseinserweiterung.

Auch ist es gut, Mantras zu rezitieren, doch wie bei anderen Meditationstechniken ist es auch hier noch wichtiger, die Pause zwischen zwei Mantras bewusst wahrzunehmen, denn in dieser Pause liegt die Stille. In Psalm 46,10 heißt es: "Seid stille und erkennet, dass ich Gott bin." Durch innere Stille wird man sich nicht nur der göttlichen Gegenwart im eigenen Selbst bewusst. Man kann auch die alles durchdringende göttliche Gegenwart erfahren.

10. KAPITEL:
KONZENTRATION UND MEDITATION

ANDAUERNDES FOKUSSIEREN UND AUSDEHNUNG
DER WAHRNEHMUNG

Waren Sie schon einmal in einer Situation, in der Sie gerade ein Buch oder eine Zeitung gelesen haben und jemand rief nach Ihnen? Sie reagierten nicht, weil Sie es nicht wahrgenommen haben. Warum? Weil Sie sehr auf das konzentriert waren, was Sie gerade lasen.

Haben Sie schon einmal die Erfahrung gemacht, dass Sie einen Freund oder eine Freundin aus der Ferne riefen und der andere überhaupt nicht reagierte? Oder Sie nahmen an einer Gesprächsrunde teil und niemand hörte zu, weil jeder zu sehr mit sich selbst und mit dem beschäftigt war, was er oder sie sagen wollte? Das nennt man Konzentration.

Konzentration könnte man auch als „andauerndes Fokussieren" oder als „verlängerte Aufmerksamkeit auf einen Punkt" bezeichnen. Viele Yogabücher legen ihren Schwerpunkt auf das andauernde Fokussieren oder konzentrieren auf einen Punkt. Doch durch Konzentration allein werden Sie nicht zur Erleuchtung gelangen. Warum nicht? Nun, wenn Sie die laute Stimme Ihres Freundes nicht hören können, weil Sie mit Ihrer Aufmerksamkeit so sehr auf einen Punkt fokussiert sind – wie wollen Sie dann das Flüstern Ihrer Höheren Seele wahrnehmen? Wenn Sie die Stimme des Menschen vor Ihnen nicht hören, wie können Sie dann den „Klang der Stille" vernehmen? Wie könnten Sie dann überhaupt das „innere OM" hören?

Wenn eine Frau von einem Mann sagt, dass er empfindsam sei, bedeutet dies nicht, dass er ein Waschlappen ist. Es zeigt vielmehr, dass der Mann die Bedürfnisse und Gefühle der Frau wahrnimmt. Er versucht deshalb, sich auf eine bestimmte Weise zu verhalten und so zu handeln, dass er die Frau glücklich macht.

Haben Sie schon einmal die Erfahrung gemacht, dass Sie sich sehr über Ihren Partner geärgert haben, Ihr Partner aber gar nicht mitbekommen hatte, dass Sie wütend waren, bis Sie explodiert sind? Hier liegt ein Mangel an Empfindsamkeit und Einfühlungsvermögen vor. Dies kann sowohl bei Männern als auch bei Frauen vorkommen. Es kann durchaus passieren, dass man gegenüber den Gefühlen und Bedürfnissen des Partners einfach nicht sensibel genug ist.

Um spirituelle Praktiken mit Erfolg auszuüben, darf man sich nicht nur auf einen Punkt fokussieren bzw. andauernde Konzentration praktizieren. Man muss auch seine Sensibilität schulen und die Wahrnehmung ausdehnen. Der Begriff des „ausgedehnten Gewahrseins" ist im westlichen Kulturkreis nahezu unbekannt. Deshalb gibt es im Wortschatz westlicher Sprachen auch kein entsprechendes Wort dafür.

In Indien wird das Wort Dhyana verwendet, um diesen Zustand ausgedehnten Gewahrseins zu beschreiben. Und selbst hier wird dieser Begriff von den meisten spirituell Praktizierenden oder Meditierenden kaum verstanden. Bodhidarma brachte das Konzept des Dhyana nach China. Im Chinesischen wird es als Chan bezeichnet. Die Shaolin-Mönche in Südchina brachten Chan nach Japan, und dort, im Japanischen, nennt man es Zen. Dhyana, Chan oder Zen bedeutet „ausgedehntes Gewahrsein". Da im Deutschen kein vergleichbares Wort existiert, werden wir hier den Begriff Meditation für dieses ausgedehnte Gewahrsein verwenden.

MEDITATION

Ein Wort ist vergleichbar mit einem Finger, der auf verschiedene Gegenstände zeigen kann. Ebenso werden Wörter oder Begriffe verwendet, um auf verschiedene Vorstellungen oder Sachverhalte hinzuweisen. Das Wort „Meditation" kann verwendet werden, um damit die Praxis ausgedehnten Gewahrseins zu beschreiben. Es könnte aber auch „spirituelle Praxis" oder „spirituelle Veredelung" bedeuten. Im Sanskrit bezeichnet man es als Sadhana. Im westlichen Kulturkreis wird das Wort „Meditation" viel zu oft benutzt. Es kann so ziemlich alles bedeuten, von Tagträumerei über Fantasie bis hin zu Stressabbau und anderen Dingen. In diesem Buch jedoch wird der Begriff „Meditation" ausschließlich für das ausgedehnte Gewahrsein oder für die spirituelle Praxis verwendet.

In den Yoga-Sutras von Patanjali wird das Fokussieren auf einen Punkt, die Konzentration, als Dharana und das ausgedehnte Gewahrsein als Dhyana bezeichnet. Leider wurde der Begriff „Dhyana" im Werk von Mahayogi Patanjali in vielen westlichen Büchern falsch übersetzt als „längerer Zeitraum der Konzentration". Wenn dies nicht korrigiert und richtig verstanden wird, kann die spirituelle Entwicklung eines Schülers dadurch nachteilig beeinflusst werden.

Wenn Sie Sadhana praktizieren, kommt es auf das Gleichgewicht zwischen Konzentration (dem Fokussieren auf einen Punkt) und Meditation (dem ausgedehnten Gewahrsein) an. Konzentration ist notwendig, um das Abschweifen der Gedanken oder das Hin- und Herspringen des Geistes zu verhindern. Dhyana oder ausgedehntes Gewahrsein ist notwendig, um innere oder höhere Seelenimpulse wahrnehmen und auf sie reagieren zu können. Sadhana zu praktizieren ist, als würden Sie Gitarre oder Sitar spielen: Wenn Sie die Saiten zu stark spannen, klingt das Instrument nicht gut. Spannen Sie

sie nicht stark genug, haben Sie den gleichen Effekt. Sadhana erfordert ein ausgewogenes Gleichgewicht zwischen dem Fokussieren auf einen Punkt und ausgedehntem Gewahrsein.

SAMADHI

Ein weiterer wichtiger Begriff in den Yoga-Sutras von Patanjali ist das Samadhi. Im wortwörtlichen Sinne – so, wie Mahayogi Patanjali es benutzt – bedeutet Samadhi „Einssein". Fortgeschrittene Yogis praktizieren ausgedehntes Gewahrsein, verlängerte Konzentration und Einssein gleichzeitig, um bestimmte Ziele zu erreichen. Die gleichzeitige Übung dieser drei Praktiken wird Samyama genannt. Dies gibt Ihnen den Schlüssel zum Verständnis der Yoga-Sutras von Patanjali.

Sadhana erfordert ein ausgewogenes Gleichgewicht zwischen dem Fokussieren auf einen Punkt und ausgedehntem Gewahrsein. Fortgeschrittene Yogis praktizieren ausgedehntes Gewahrsein, verlängerte Konzentration und Einssein gleichzeitig, um bestimmte Ziele zu erreichen. Die gleichzeitige Übung dieser drei Praktiken wird Samyama genannt.

In Indien hat das Wort „Samadhi" verschiedene Bedeutungen. Unter anderem kann es auch für „Tod" stehen. Wenn ein Mensch stirbt, sagt man von dieser Person, dass sie Mahasamadhi erreicht hat. Wahrscheinlich wurde dieses Wort ursprünglich verwendet, um auf Yogis hinzuweisen, die ihren physischen Körper willentlich verlassen, um so eine vollständige Vereinigung mit ihrer Höheren Seele oder mit ihrem göttlichen Funken zu erreichen. Unglücklicherweise fand das Wort aber eine zu starke Verbreitung im Volksmund und diente schließlich als Beschreibung für jeden, der gestorben war.

Das Wort „Samadhi" könnte auch bei der Beschreibung der verschiedenen Ebenen des Bewusstseins verwendet werden.

EINSWERDEN MIT DER SEELE

11. KAPITEL: KÖRPERÜBUNGEN

Es ist wichtig, vor und nach der Meditation Körperübungen zu machen. Vor der Meditation sollten Sie sich fünf bis zehn Minuten körperlich betätigen. Das Ziel solcher Übungen ist, die Energiezentren und -kanäle zu reinigen, damit die höhere Energie, die in der Meditation entsteht, leicht und nur mit minimalem Widerstand durch den physischen Körper und die Energiekörper fließen kann. Dies ist wichtig, um einen Pranastau zu vermeiden oder zu reduzieren. Ein Pranastau macht sich während der Meditation als körperliches Unwohlsein oder Probleme ähnlicher Art bemerkbar.

Sie können jede Art von Körperübungen machen, die Ihnen liegt: Hatha-Yoga, Jogging, Aerobic oder was immer Sie bevorzugen. Wichtig ist nur, dass Sie jeden Körperteil in Ihre Übungen mit einbeziehen. Nach der Meditation sollten Sie unbedingt weitere Übungen durchführen, um alte „verbrauchte Energie" loszuwerden und überschüssige Energie, die während der Meditation erzeugt wurde, frei strömen zu lassen.

KÖRPERÜBUNGEN VOR DER MEDITATION

Die folgenden einfachen Übungen können Sie durchführen, um Ihren physischen Körper und die Energiekörper auf den Zuwachs an spiritueller Energie in der Meditation vorzubereiten. Diese Übungen sind so zusammengestellt, dass selbst ältere Menschen sie bequem durchführen können. Menschen mit Rückenproblemen sollten bei den Dehn- und Streckübungen jedoch vorsichtig sein.

1. Augenkreisen:

Lassen Sie die Augäpfel kreisen: 12-mal im Uhrzeigersinn und 12-mal in der Gegenrichtung.

2. Nackenübungen:

a) Drehen Sie Ihren Kopf abwechselnd nach links und rechts. Führen Sie diesen Zyklus 12-mal durch.

b) Legen Sie als nächstes den Kopf in den Nacken und kommen Sie dann mit dem Kinn auf die Brust. Machen Sie diese Übung 12-mal.

3. Armekreisen:

Strecken Sie Ihre Arme nach vorn aus und lassen Sie sie dann hoch über Ihre Schultern nach hinten kreisen, bis sie zur ursprünglichen Position zurückkehren. Machen Sie mit den Armen 12 Drehungen nach hinten und dann 12 Drehungen nach vorn.

4. Drehen mit dem Oberkörper:

Drehen Sie Ihren Oberkörper zunächst nach links, dann nach rechts. Machen Sie diese Drehung jeweils 12-mal.

5. Hüftkreisen:

Stemmen Sie Ihre Hände in die Hüften und kreisen Sie mit den Hüften 12-mal rechts und 12-mal links herum.

6. Halbe Kniebeugen:

Beugen Sie Ihre Knie leicht und federn Sie mit den Knien rhythmisch auf und ab. Machen Sie 50 solcher Kniebeugen.

7. Dehn- und Streckübungen:

Strecken Sie die Arme hoch über dem Kopf aus, beugen Sie sich leicht nach hinten und legen Sie Ihren Kopf ins Genick. Beugen Sie sich dann mit vorgestreckten Armen nach vorn und versuchen Sie, bei leicht gebeugten Knien mit den Fingern den Boden zu berühren. Machen Sie diese Übung 12-mal.

8. Knieübung:

Stellen Sie sich aufrecht hin, beugen Sie die Knie und machen Sie kreisende Bewegungen mit den Beinen, 12-mal im Uhrzeigersinn und 12-mal entgegengesetzt.

9. Fußübungen:

a) Bewegen Sie erst den rechten, dann den linken Fuß mit den Zehen abwechselnd nach oben und unten, jeweils 12-mal.

b) Kreisen Sie dann jeden Fuß 12-mal im Fußgelenk nach rechts und 12-mal nach links.

Diese komplette Übungsreihe können Sie vor der Meditation ein- bis dreimal durchführen.

10. Superbrain Yoga [2]

(optional und nur vor der Zwei-Herzen-Meditation)

a) Schauen Sie nach Osten (ältere Menschen nach Norden).

b) Verbinden Sie die Zunge mit dem Gaumen.

c) Stehen Sie mit den Füßen schulterbreit auseinander.

d) Greifen Sie erst mit dem linken Daumen und Zeigefinger das rechte Ohrläppchen, und dann mit dem rechten Daumen und Zeigefinger das linke Ohrläppchen, wobei jeweils die Daumen nach vorne liegen. Richtig durchgeführt, erzeugt diese Haltung ein erhöhtes Energieniveau im Gehirn.

---

2 Siehe auch das Buch „Superbrain Yoga" des Autors

e) Der linke Arm muss innen und der rechte Arm außen liegen, dies ist die richtige Armhaltung.

f) Gehen Sie in die Knie und atmen dabei ein. Stehen Sie wieder auf und atmen dabei aus. Diese Atmungssequenz darf nicht verändert werden.

Führen Sie insgesamt 14 bis 21 dieser Kniebeugen durch. Für Personen, die Arhatic Yoga oder andere fortgeschrittene Meditationen praktizieren, sind sieben ausreichend.

Folgen Sie genau den Anweisungen, dann wird durch diese Übung das Gehirn energetisiert und aktiviert. Zuviel praktiziert, kann diese Übung eine Prana-Stauung im Gehirn hervorrufen.

Körperübungen und Massagen nach der Meditation

1. Ausschütteln:

Stellen Sie sich auf die Zehenspitzen und schütteln Sie den Körper etwa 60-mal aus. Der Zweck dieser Übung besteht darin, sowohl überschüssige Energie, die durch die Meditation erzeugt wurde, als auch die verbrauchte Energie einfach abzuschütteln.

2. Springen („Hampelmann"):

Stellen Sie sich mit geschlossenen Beinen aufrecht hin. Springen Sie hoch, heben Sie Ihre Arme und klatschen Sie in die Hände, während Sie gleichzeitig mit gespreizten Beinen landen. Springen Sie dann nochmals hoch, wobei Sie mit den Händen an die Beine klatschen, wenn Sie Sie mit geschlossenen Beinen wieder am Boden ankommen. Machen Sie diese Übung 20-mal.

3. Augenkreisen:

Wie in der ersten Übung vor der Meditation, lassen Sie die Augäpfel kreisen, 12-mal im Uhrzeigersinn, 12-mal entgegengesetzt.

4. Dehn-und Streckübungen:

Strecken Sie die Arme hoch über dem Kopf aus, beugen Sie sich leicht nach hinten und legen Sie Ihren Kopf ins Genick. Beugen Sie sich dann mit vorgestreckten Armen nach vorn und versuchen Sie, bei leicht gebeugten Knien mit den Fingern den Boden zu berühren. Machen Sie diese Übung 12-mal.

5. Drehen mit dem Oberkörper:

Drehen Sie Ihren Oberkörper zunächst nach links, dann nach rechts. Machen Sie diese Drehung 12-mal.

6. Hüftkreisen:

Stemmen Sie Ihre Hände in die Hüften und kreisen Sie mit den Hüften 12-mal rechts und 12-mal links herum.

7. Massagen:

Es empfiehlt sich, den Körper nach jeder Meditation zu massieren. Dies verhindert oder reduziert Pranastauungen und erleichtert den Energiefluss in Ihrem Körper. Sie können dazu Ihren Körper systematisch von oben nach unten selbst massieren. Fangen Sie mit der Kopfhaut an, gehen Sie dann über die Rückseite des Kopfes, das Gesicht, den Nacken, die Schultern, die Arme, den Rumpf, die Leber und die Nieren. Legen Sie besonderen Wert auf eine gründliche Massage von Leber und Nieren, denn dort staut sich überschüssige Energie besonders leicht. Massieren Sie dann noch Ihre Beine. All dies hilft, den freien Fluss der Energie durch Ihren Körper anzuregen und zu erleichtern.

Es ist wichtig, vor und nach der Meditation Körperübungen zu machen, um die Energiezentren und Energiekanäle zu reinigen, damit die höhere Energie, die in der Meditation entsteht, leicht und nur mit minimalem Widerstand durch den physischen Körper und die Energiekörper fließen kann.

12. Kapitel:
Meditation über zwei Herzen für Frieden und Erleuchtung

Meditation über zwei Herzen

Die Meditation über zwei Herzen ist eine Technik, die darauf abzielt, kosmisches Bewusstsein und Erleuchtung zu erlangen. Sie dient in gewisser Weise der ganzen Welt, denn durch den Segen, den wir in dieser Meditation der gesamten Erde in liebevoller Güte zukommen lassen, wird die Welt bis zu einem gewissen Grad harmonisiert. Die Meditation über zwei Herzen ist auch bekannt als Meditation über liebevolle Güte. Im Buddhismus wird sie „Metta" genannt. Auch in einigen Gruppierungen des Sufismus wird diese Meditation praktiziert.

Diese Meditation kann auch angewendet werden, um Beziehungen harmonischer zu machen oder um eine Firma, einen Ort, eine Stadt oder ein Land zu segnen. In Brasilien gab es zum Beispiel einen Landstrich, in dem viele Drogenabhängige und Dealer lebten. Eine Gruppe von Meditierenden segnete diesen Ort regelmäßig über mehrere Monate. Nach einiger Zeit waren die Drogenabhängigen und Dealer verschwunden. Ein Paar, das sich ständig in den Haaren lag, führte regelmäßig zusammen diese Meditation durch und kam nach einiger Zeit viel besser und harmonischer miteinander aus. Als sie mit den Meditationen aufhörten, ging der Streit wieder los. Für Familien mit problematischen Beziehungen zwischen einzelnen Familienmitgliedern ist es ratsam, zusammenzukommen und diese Meditation durchzuführen.

Die Meditation über zwei Herzen beruht auf dem Prinzip, dass einige der Hauptchakras Eintrittspunkte oder Pforten zu bestimmten Ebenen oder Dimensionen des Bewusstseins sind. Um Erleuchtung oder kosmisches Bewusstsein zu erlangen, ist es notwendig, das Kronenchakra ausreichend zu aktivieren. Der Begriff „zwei Herzen" bezieht sich einerseits auf das Herzchakra, das emotionale Herzzentrum, und andererseits auf das Kronenchakra, welches das göttliche Herzzentrum darstellt.

Regelmäßig praktiziert, führt die Meditation über zwei Herzen zu besserer physischer, emotionaler, mentaler und spiritueller Gesundheit. Von einer großen Anzahl Menschen durchgeführt, kann sie zur Heilung der ganzen Erde beitragen und die Welt harmonischer und friedlicher werden lassen.

Wenn das Kronenchakra ausreichend aktiviert ist, öffnen sich seine zwölf inneren Blütenblätter und richten sich wie ein goldener Kelch, eine goldene Krone oder ein Lotos auf, um spirituelle Energie zu empfangen, die dann zu den anderen Körperteilen weitergeleitet wird. Als Symbol für das Kronenchakra steht auch der Heilige Gral oder die Krone, die Könige und Königinnen tragen, die jedoch nur ein schwacher Abglanz des unbeschreiblich strahlenden Kronenchakras einer spirituell voll entwickelten Person sind.

Die sehr schnell rotierende goldene Krone über dem Kopf erscheint wie eine hell leuchtende Flamme aus Licht. Die Mitra der Päpste, Kardinäle und Bischöfe ist ein Symbol für das aktivierte Kronenchakra. Wenn das Kronenchakra stark aktiviert ist, entsteht um den Kopf einer Person herum ein Heiligenschein. Das ist der Grund, weshalb Heilige verschiedener Religionen mit einem solchen Heiligenschein dargestellt werden. Seine Größe und Helligkeit variieren je nach dem Grad der spirituellen Erleuchtung des Heiligen.

Wenn jemand die Meditation über zwei Herzen ausführt, fließt göttliche Energie auf ihn oder sie herab und erfüllt ihn mit göttlichem Licht, Liebe und Kraft. Der Meditierende wird zu einem Kanal für die göttliche Energie. Diese fließt durch die spirituelle Schnur und die Chakras in die Aura. Während die göttliche Energie von oben in den Körper einfließt und sich in der Aura verteilt, werden die Wolken aus negativen Gedanken und Gefühlen aus der Aura „herausgespült" und so wird die Aura gereinigt. Im Tao-Yoga bezeichnet man diese göttliche Energie als *Himmels-Chi*. In der Kabbala nennt man sie auch *Lichtsäule*, jene Säule aus Licht, die Hellsichtige sehen können. Indische Yogis nennen diese Säule „die spirituelle Brücke aus Licht" oder *Antakharana*. Christen bezeichnen sie als die *Herabkunft des Heiligen Geistes*, symbolisch dargestellt als Lichtsäule mit einer herabfliegenden Taube. In der christlichen Kunst werden Jesus und die Heiligen mit einer Säule aus weißem Licht und einer herabfliegenden weißen Taube dargestellt. Dies symbolisiert das Herabfließen der göttlichen Energie. Spirituelle Aspiranten, die die Meditation über zwei Herzen schon längere Zeit praktizieren, können die Erfahrung machen, dass sie von einem hellen, manchmal sogar blendenden Licht umhüllt werden oder dass sich ihr Kopf mit strahlend hellem Licht füllt. Dies ist eine Erfahrung, die fortgeschrittene Yogis und Heilige aller Religionen kennen. Wenn Sie die heiligen Schriften der verschiedenen Religionen studieren, wird Ihnen die Ähnlichkeit dieser Erfahrungen auffallen.

Das Kronenchakra kann erst dann ausreichend aktiviert werden, wenn zuvor das Herzchakra ausreichend aktiviert wurde. Das Herzchakra ist ein Ebenbild des Kronenchakras. Wenn Sie das Herzchakra betrachten, sieht es wie das Innere des Kronenchakras mit seinen zwölf goldenen Blütenblättern aus.

Das Herzchakra ist sozusagen die niedere Entsprechung des Kronenchakras. Das Kronenchakra ist das Zentrum der Erleuchtung und göttlichen

Liebe oder des Einsseins mit allem. Das Herzchakra ist das Zentrum der höheren Emotionen. Es ist das Zentrum des Mitgefühls, der Freude, Zuneigung, Rücksichtnahme, Barmherzigkeit und anderer verfeinerter Emotionen. Nur durch Entwicklung dieser höher schwingenden Emotionen ist es möglich, göttliche Liebe zu erfahren. Einer gewöhnlichen Person zu erklären, was göttliche Liebe und Erleuchtung ist, wäre genau so, als wollte man einem Blinden erklären, was Farben sind.

Es gibt viele Methoden, um das Herz- und das Kronenchakra zu aktivieren. Dies kann durch Körperübungen oder Hatha-Yoga erreicht werden, durch Yoga-Atmung, Mantras oder Worte der Kraft und Visualisierungen. All diese Techniken sind wirksam, aber nicht schnell genug. Einer der effektivsten und schnellsten Wege, diese Chakras zu aktivieren, ist die Meditation über liebevolle Güte oder das Segnen der gesamten Erde mit liebevoller Güte. Wenn Sie das Herz- und das Kronenchakra zum Segnen der Erde mit liebevoller Güte einsetzen, werden Sie zu einem Kanal für spirituelle Energie, wodurch Herz- und Kronenchakra aktiviert werden. Wenn Sie die Erde mit liebevoller Güte segnen, erweisen Sie der ganzen Welt einen Dienst. Und diese Segnung kommt vielfach als Segen zu Ihnen zurück. Indem Sie Ihr Umfeld segnen, werden Sie selbst gesegnet. Durch Ihr Geben empfangen Sie. Das ist das Gesetz!

Ein Mensch mit ausreichend aktiviertem Kronenchakra erlangt nicht automatisch Erleuchtung, denn zunächst muss er lernen, das aktivierte Kronenchakra richtig einzusetzen. Das ist genau so, als hätten Sie einen leistungsfähigen Computer, wüssten aber nicht mit ihm umzugehen. Wenn das Kronenchakra ausreichend aktiviert ist, sollten Sie über das Licht, über das Mantra OM oder Amen sowie über die Pausen zwischen den OMs oder Amen meditieren. Konzentration und ausgedehntes Gewahrsein sollten nicht nur auf das Mantra OM oder Amen, sondern vor allem auf die Pausen zwischen zwei OMs oder Amen gerichtet werden. Durch Konzentration und Gewahrsein des Lichts und der Pausen (der Momente der Stille) zwischen zwei OMs oder Amen erlangt man Erleuchtung oder Samadhi!

Im Yoga wird gesagt: „Wenn das Wasser aufgewühlt ist, kannst Du den Grund nicht sehen." Ist das Wasser aber ruhig, kann man leicht hindurchsehen. Ebenso ist es mit unseren Gedanken und Gefühlen: Sind sie aufgewühlt und chaotisch, ist Selbsterkenntnis unmöglich. Wenn jedoch Stille in die Gedanken und Gefühle einkehrt, ist es möglich, das zu erlangen, was die indischen Yogis „Selbsterkenntnis" nennen, was im Buddhismus als „Erkennen der eigenen wahren Natur" oder im Christentum als „Erleuchtung" bezeichnet wird.

Bei den meisten Menschen sind die anderen Chakras schon ziemlich aktiv. Bei nahezu allen Menschen sind Wurzel-, Sexual-und Solarplexuschakra aktiviert. Ihr Überlebenstrieb, ihre Sexualität und ihre Neigung, mit ihren niederen Gefühlen auf Einflüsse zu reagieren, sind sehr ausgeprägt. Auch das Ajna-und das Halschakra sind bei vielen Menschen durch die umfassende moderne Erziehung und die Arbeit, die zunehmend mentale Fähigkeiten erfordert, bereits entwickelt. Herz-und Kronenchakra sind jedoch bei den meisten Menschen noch nicht entfaltet. Die heutige Erziehung neigt leider zu einer Überbetonung von Hals- und Ajnazentrum und damit des konkreten und abstrakten Denkens. Die Entwicklung des Herzens aber wird vernachlässigt. Deshalb können Ihnen Menschen begegnen, die zwar recht intelligent, aber auch sehr scharfzüngig und lieblos sind. Diese Menschen sind emotional noch nicht gereift bzw. haben ein unterentwickeltes Herzchakra. Obgleich sie intelligent und erfolgreich sein mögen, können ihre zwischenmenschlichen Beziehungen jedoch ziemlich armselig aussehen: Sie haben kaum Freunde und vielleicht sogar keine Familie. Durch die Meditation über zwei Herzen kommt ein Mensch in ein harmonisches Gleichgewicht. Das bedeutet, dass die Hauptchakras mehr oder weniger auf dem gleichen Entwicklungsstand und ausgeglichen sind.

Ob das abstrakte und konkrete Denken eines Menschen auf konstruktive oder auf destruktive Weise angewendet wird, hängt von der Entfaltung seines Herzchakras ab. Wenn das Solarplexuschakra über- und das Herzchakra unterentwickelt ist, oder wenn die niederen Emotionen aktiv, die höheren dagegen zu schwach ausgeprägt sind, wird der Verstand höchstwahrscheinlich destruktiv eingesetzt. Weltfrieden wird nicht möglich sein, solange das Herzchakra der meisten Menschen noch nicht entwickelt ist. Das ist der Grund, weshalb der Schwerpunkt im Erziehungswesen auf die Entfaltung des Herzchakras gelegt werden sollte.

WARNUNG

Personen unter 16 Jahren sollten die Meditation über zwei Herzen nicht regelmäßig über einen längeren Zeitraum praktizieren, da sie von ihrer Körperkonstitution her noch nicht imstande sind, mit derart großen Mengen an höherer Energie umzugehen. Wird dies nicht beachtet, so können sich sogar langfristig körperliche Lähmungserscheinungen einstellen. Es gibt jedoch Ausnahmen von dieser Regel. Viele schon weit entwickelte Seelen haben sich jetzt wieder inkarniert, aber ihr Körper ist noch im jugendlichen Alter. Diese hoch entwickelten Jugendlichen haben große Chakras und können schon im Alter von 14 Jahren mit der Meditation über zwei Herzen beginnen. Man sollte jedoch ihre körperliche Verfassung im Auge behalten, um unnötige Probleme zu vermeiden. Personen mit Herzbeschwerden, Bluthochdruck oder Glaukomen sollten diese Meditation ebenfalls nicht durchführen, da sich ihr Zustand dadurch verschlechtern könnte. Schwangere sollten die Meditation über zwei Herzen nicht zu intensiv und oft ausführen, denn die dabei erzeugte

Energie könnte den Fötus überwältigen. Schwangere, die schon einmal eine Fehlgeburt hatten, sollten diese Meditation gar nicht praktizieren. Allgemein gilt: Brechen Sie die Meditation sofort ab, wenn Sie Schmerzen oder ernsthaftes Unbehagen verspüren.

Für alle, die beabsichtigen, diese Meditation regelmäßig zu praktizieren, ist es wichtig, innere Reinigung oder Charakterbildung durch tägliche innere Einkehr und Reflexion zu betreiben. Die Meditation über zwei Herzen aktiviert nicht nur das Herz- und das Kronenchakra, sondern auch alle anderen Chakras. Aus diesem Grund werden sowohl die positiven als auch die negativen Charakterzüge des Meditierenden verstärkt oder aktiviert. Dies kann der Meditierende leicht an sich selbst feststellen und durch hellsichtige Beobachtung.

Alle, die die Meditation über zwei Herzen regelmäßig ausüben wollen, müssen folgendes meiden: 1. Schweinefleisch, Aal, Fische ohne Schuppen 2. Rauchen 3. exzessiven Alkoholgenuss 4. abhängig machende halluzinogene Drogen.

Wenn Sie diese Meditation regelmäßig betreiben und dennoch Schweinefleisch, Aal oder Fische ohne Schuppen zu sich nehmen, kann dies zu einem Kundalini-Syndrom führen. Schweinefett oder -schmalz sollte strikt gemieden werden.

EIN KUNDALINI-SYNDROM KANN SICH ÄUSSERN DURCH:

1. chronische Müdigkeit oder chronische Erschöpfung
2. Überhitzung des Körpers
3. chronische Schlaflosigkeit

4. Depressionen

5. Hautausschläge

6. Bluthochdruck und andere Phänomene

Starke Raucher können während der Meditation über zwei Herzen Schmerzen in der Brust haben, da ihr vorderes und hinteres Herzchakra verschmutzt ist. Meditierende, die früher starke Raucher waren, sollten Pranaanwendungen für Herz, Lunge sowie das vordere und hintere Herzchakra erhalten. Diese sollten gründlich gereinigt werden. Raucher, die während der Zeit, in der sie diese Meditation betreiben, weiterrauchen, können unter Umständen Symptome von Bluthochdruck entwickeln. Deshalb muss das Rauchen gemieden werden, wenn man die Meditation über zwei Herzen regelmäßig ausüben möchte. Exzessiver Alkoholgenuss und halluzinogene Drogen müssen unbedingt gemieden werden, denn sie verunreinigen den Energiekörper. Meditation mit einem verunreinigten Energiekörper führt zu Pranastauungen.

Vorgehensweise

1. Reinigen Sie den Ätherkörper durch Körperübungen.

Machen Sie fünf bis zehn Minuten lang Körperübungen, um Ihren Ätherkörper zu reinigen und zu energetisieren. Sie können dazu die in Kapitel 11 vorgeschlagenen Übungen nehmen. Das Ausführen dieser Übungen entfernt die leicht gräuliche Energie, das verbrauchte Prana, aus dem Ätherkörper. Körperübungen verringern außerdem die Möglichkeit einer Pranastauung auf ein Minimum. Dies ist wichtig, da die Meditation über zwei Herzen eine große Menge feinstofflicher Energie im Ätherkörper erzeugt. Wenn ein spiritueller Aspirant meditiert, können gelegentlich über einen kurzen Zeitraum ungewöhnliche Reflexbewegungen auftreten. Dies ist völlig normal, da die Energiekanäle gereinigt werden.

2.   Anrufung des göttlichen Segens.

Setzen Sie sich hin und legen Sie Ihre Hände mit den Handinnenflächen nach oben auf den Schoß. Schließen Sie die Augen. Sie können sich Ihre eigene Anrufung zusammenstellen. Hindus beten in der Regel zu Shiva, Krishna oder ihrem Guru, Christen zu Jesus Christus oder Mutter Maria, Moslems zu Allah und Buddhisten zu Buddha. Sollten Sie Eklektiker sein, könnten Sie vielleicht „die höchste universelle Gottheit" anrufen. Worte sind wie Finger. Ob Sie Allah, Gott, Shiva oder Vishnu anrufen – sie alle verweisen auf dasselbe Wesen. Wenn Sie jedoch über die Religion hinausgehen wollen, können Sie auch einfach die höchste universelle Gottheit, das höchste göttliche Sein anrufen. Hier als Beispiel die Anrufung, die der Verfasser gewöhnlich benutzt:

> *Höchster Gott,*
> *mein spiritueller Lehrer, all ihr spirituellen Lehrer,*
> *ihr heiligen Engel, spirituellen Helfer und großen Wesen,*
> *in Demut rufen wir euch an um göttliche Führung,*
> *göttliche Liebe, Erleuchtung, göttliches Einssein,*
> *göttliche Glückseligkeit, göttliche Hilfe und Schutz.*
> *Wir danken euch in vollem Vertrauen.*

Es ist sehr wichtig, den Segen der göttlichen Vorsehung und den der eigenen spirituellen Führer anzurufen. Jeder ernsthafte spirituell Praktizierende hat gewöhnlich einen oder mehrere spirituelle Führer, ob er sich dessen bewusst ist oder nicht. Die Anrufung ist wichtig, um Führung, Hilfe und Schutz zu erhalten, denn Sie haben es mit gewaltigen Kräften zu tun. Ohne die

Anrufung kann die Ausübung jeder fortgeschrittenen Meditationstechnik zu einer Gefahr werden.

3. Affirmation über die Seele

Es ist ratsam, vor jeder Meditation diese Seelenaffirmation durch- zuführen, dadurch wird die Meditation noch wirkungsvoller.

ICH BIN DAS ICH BIN.
ICH bin nicht der Körper.
ICH bin nicht das Gefühl.
ICH bin nicht der Gedanke.
ICH bin nicht der Verstand.
Der Verstand ist nur ein subtiles Werkzeug der Seele.
ICH bin die Seele.
ICH bin ein spirituelles Wesen von göttlicher Intelligenz,
göttlicher Liebe, göttlicher Macht.
ICH bin eins mit meiner Höheren Seele.
ICH bin das ICH bin.
ICH bin eins mit meinem göttlichen Funken.
ICH bin ein Kind Gottes.
ICH bin verbunden mit Gott.
ICH bin eins mit Gott.
ICH bin eins mit Allem.

4. Verbinden Sie die Zunge mit dem Gaumen.

Rollen Sie während der Meditation Ihre Zungenspitze nach oben und legen Sie sie an den Gaumen. Dies ist das sogenannte Kechari Mudra. Es stellt die Verbindung zwischen den vorderen und hinteren Energiekanälen der Aura her und erhöht dadurch das Energieniveau und die Zirkulation der Energie.

5. Aktivieren Sie das Herzchakra, indem Sie die ganze Erde mit liebevoller Güte segnen.

Berühren Sie mit dem Finger für einige Sekunden sanft das vordere Herzchakra, damit Sie sich besser auf dieses Chakra konzentrieren können. Seien Sie sich des vorderen Herzchakras bewusst und segnen Sie die Erde mit liebevoller Güte. Heben Sie Ihre Hände auf Brusthöhe. Die Handinnenflächen zeigen dabei nach vorn. Wenn Sie die Erde segnen, können Sie sie sich als eine kleine Kugel vor Ihnen vorstellen. Sie sollten diese Segnung der Erde nicht rein mechanisch durchführen, sondern bewusst und mit Gefühl. Wenn Sie wollen, können Sie das Gebet des heiligen Franz von Assisi verwenden. Seien Sie sich Ihres Herzens gewahr, während Sie in der Stille folgendes sagen:

Höchster Gott, mach' mich zum Instrument deines Friedens.

Fühlen Sie den Frieden in sich. Erlauben Sie sich selbst, ein Kanal für göttlichen Frieden zu sein. Spüren Sie den inneren Frieden. Lassen Sie ihn in Ihre Arme und Hände fließen. Segnen Sie die Erde mit Frieden. Teilen Sie diesen Frieden sanft und liebevoll mit der kleinen Erdkugel vor sich.

Wo da Hass ist, lass mich Liebe säen.

Spüren Sie die göttliche Liebe. Erlauben Sie sich, ein Kanal für göttliche Liebe zu sein. Fühlen Sie, wie diese Liebe aus Ihrem Herzen durch Ihre Arme und Hände zu der kleinen Erde vor Ihnen fließt. Segnen Sie die ganze Erde mit Frieden und Liebe.

Wo verletzt wurde, lass Vergebung sein.

Spüren Sie den Geist der Versöhnung. Erlauben Sie sich, ein Kanal für göttliche Vergebung und göttliche Versöhnung zu sein. Segnen Sie die Erde mit dem Geist der Vergebung, der Versöhnung, mit Verständnis, Harmonie und Frieden.

Wo Verzweiflung herrscht, sei Hoffnung; wo Zweifel ist, Glaube.

Fühlen Sie göttliche Hoffnung und Gottvertrauen. Erlauben Sie sich selbst, ein Kanal für göttliche Hoffnung und Zuversicht zu sein. Segnen Sie die Erde mit Hoffnung und Gottvertrauen. Segnen Sie Menschen, die Schwierigkeiten haben. Sagen Sie ihnen leise: „Du kannst es schaffen!" Segnen Sie sie mit Hoffnung, Glauben und göttlicher Kraft.

Wo Dunkelheit ist, sei Licht; wo Trauer ist, Freude.

Erlauben Sie sich selbst, ein Kanal für göttliches Licht und Freude zu sein. Segnen Sie die ganze Erde mit göttlichem Licht und göttlicher Freude. Segnen Sie Menschen, die traurig oder deprimiert sind oder die Schmerzen haben, mit göttlichem Licht und Freude. Füllen Sie sie mit Licht und Freude.

Während der Segnungen, fühlen und schätzen Sie die Bedeutung jeden Satzes. Sie können dazu auch visualisieren. Wenn Sie die Erde mit liebevoller Güte segnen, visualisieren Sie, wie die Aura der Erde eine blendend helle rosa-goldene Farbe annimmt. Diese Segnung können Sie ebenfalls für ein einzelnes Land oder eine Gruppe von Ländern aussprechen. Segnen Sie in der Hauptphase der Meditation nicht Kleinkinder; ältere Kinder oder andere Einzelpersonen, denn sie könnten durch die intensive Energie, die während der Meditation erzeugt wird, überwältigt werden. Sie können sie segnen, nachdem Sie am Ende der Meditation die überschüssige Energie freigesetzt haben. Das ist ungefährlich.

Übertreiben Sie es mit dem Segnen am Anfang nicht. Manche könnten sogar eine leichte Pranastauung in der Herzgegend spüren. Der Grund dafür ist, dass Ihr Ätherkörper noch nicht ausreichend gereinigt ist. Wenden Sie örtliches Sweeping an, um die Stauung aufzulösen.

6.   Aktivieren Sie das Kronenchakra, indem Sie die Erde mit liebevoller Güte segnen.

Berühren Sie sanft mehrere Sekunden lang mit einem Finger die Stelle auf den Scheitel, an der sich das Kronenchakra befindet, um die Konzentration auf dieses Chakra zu erleichtern, und segnen Sie die ganze Erde mit liebevoller Güte. Wenn das Kronenchakra ausreichend geöffnet ist, werden einige von Ihnen das Gefühl haben, als ob etwas oben aus Ihrem Kopf „erblühen" würde, und einige werden auch einen gewissen Druck auf das Kronenchakra spüren. Stellen Sie sich wieder die kleine Erde vor. Sie können nun die folgende Segnung aussprechen:

Aus dem Herzen Gottes
lass die ganze Erde mit liebevoller Güte gesegnet sein.

Spüren Sie diese göttliche Liebe und Güte. Erlauben Sie sich selbst, ein Kanal für göttliche Liebe und Güte zu sein, und teilen Sie diese mit der gesamten Erde.

Die ganze Erde sei mit großer Freude und Glückseligkeit gesegnet.

Spüren Sie diese Freude und Glückseligkeit und teilen Sie sie mit der ganzen Erde. Visualisieren Sie, wie Menschen lächeln, wie sich ihre Herzen mit Freude und Glückseligkeit füllen.

Aus dem Herzen Gottes
lass die ganze Welt mit Verständnis, Harmonie und
göttlichem Frieden gesegnet sein.

Erlauben Sie sich selbst, ein Kanal für Verständnis, Harmonie und Frieden zu sein. Visualisieren Sie Menschen oder Nationen, die vor einem Konflikt stehen oder bereits gegeneinander kämpfen, wie sie sich versöhnen und in Harmonie miteinander leben. Visualisieren Sie, wie alle Menschen die Waffen niederlegen, einander die Hände reichen und sich umarmen.

Die ganze Erde sei gesegnet
mit Wohlwollen und dem Willen, Gutes zu tun.

Stellen Sie sich Menschen vor, die nicht nur gute Absichten haben, nicht nur darüber reden, Gutes zu tun, sondern diese guten Absichten auch tatsächlich in die Tat umsetzen. Das ist es, was „der Wille, Gutes zu tun" bedeutet.

7. Meditieren Sie weiter und segnen Sie die Erde mit liebevoller Güte durch das Herz- und das Kronenchakra zugleich.

Nach der Aktivierung des Kronenchakras konzentrieren Sie sich nun gleichzeitig auf das Kronen- und das Herzchakra und seien Sie sich beider bewusst. Segnen Sie die Erde einige Minuten lang mit liebevoller Güte. Dies wird beide Chakras ausrichten und die Segnung noch wirksamer machen. Stellen Sie sich wieder die kleine Erde vor sich vor. Stellen Sie sich vor, wie aus

Ihren Händen ein goldenes Licht zu der kleinen Erde hinunter fließt und den gesamten Planeten mit Licht und Liebe füllt. Dazu können Sie diese Segnung benutzen:

Aus dem Herzen Gottes
soll die ganze Erde, jede Person und jedes Wesen
mit göttlicher Liebe und Güte gesegnet sein.

Spüren Sie diese göttliche Liebe und Güte und teilen Sie sie mit jeder Person und jedem Wesen.

Die ganze Erde, jede Person und jedes Wesen
soll mit göttlicher Süße, göttlicher Freude,
mit Wärme, Fürsorge und Zärtlichkeit gesegnet sein.

Spüren Sie diese Süße, diese Freude und dieses liebevolle Gefühl, und teilen Sie es mit jeder Person und jedem Wesen auf der Welt.

Aus dem Herzen Gottes
soll die ganze Erde, jede Person und jedes Wesen
mit innerer Heilung, innerer Schönheit, göttlicher Glückseligkeit
und göttlichem Einssein gesegnet sein.

Spüren Sie die göttliche Glückseligkeit und das göttliche Einssein, und teilen Sie es mit jeder Person und jedem Wesen.

8.   Erleuchtung durch die Meditation über das Licht, das Mantra OM oder Amen und die Pausen zwischen zwei OMs oder Amen Legen Sie nun Ihre Hände in den Schoss. Stellen Sie sich ein strahlend weißes oder goldenes Licht über dem Kronenchakra vor. Betrachten Sie es

sanft und liebevoll. Fühlen Sie, welcher Art die Energie ist, die das Licht ausstrahlt. Spüren Sie den inneren Frieden, die Stille und die Glückseligkeit, die von dem Licht ausgehen. Seien Sie sich des Lichts, der inneren Stille und der Glückseligkeit bewusst. Singen Sie im Geist das Mantra OM oder Amen.

„Oooommm … Oooommm…Oooommm …
Oooommm … Oooommm … Oooommm …
Oooommm … Oooommm … Oooommm …"

Was soll das OM bewirken? Es soll Sie sozusagen in einen höheren Kanal einwählen, dadurch die Schwingung erhöhen und so das Bewusstsein auf eine höhere Stufe anheben. Meditieren Sie gleichzeitig über das Licht und das Mantra. Meditieren Sie dann über die Pause zwischen zwei OMs. Meditieren Sie über diese Pause zwischen zwei OMs oder Amen und seien Sie sich gleichzeitig des Lichts, der Stille und der Glückseligkeit bewusst. Meditieren Sie so etwa zehn Minuten lang. Bleiben Sie entspannt und lassen Sie los.

Seien Sie nicht erschrocken, wenn Sie während der Meditation eine Lichtexplosion in Ihrem Kopf verspüren. Wenn Sie in der Lage sind, sich gleichzeitig des Lichts über Ihrem Kopf und der Pausen zwischen den OMs bewusst zu sein, werden Sie dies erleben. Ihr gesamtes Wesen wird dann mit Licht erfüllt! Sie werden die ersten Erfahrungen mit dem Zustand der Erleuchtung und göttlicher Ekstase machen. Wenn Sie diese Erfahrung des Buddha-Bewusstseins oder der Erleuchtung erleben, können Sie verstehen, was Jesus meinte, als er sagte: „Wenn dein Auge klar ist, so wird dein ganzer Leib voll Licht sein (…)" (Lukas 11,34). Und: „Denn siehe: Das Reich Gottes ist in eurer Mitte" (Lukas 17,21). Wenn Sie das Gefühl haben, aus dem Körper gezogen zu werden oder sich in einem Tunnel zu bewegen, dann gestatten Sie dieser Erfahrung einfach, sich von selbst zu entfalten, bis Sie sich eins mit dem Licht fühlen. Sollten Sie eine durchdringende Dunkelheit oder das Große Nichts spüren, so ist das gut. Dies ist nur ein Übergang vom gewöhnlichen Zustand des Bewusstseins zu einem erweiterten Bewusstseinszustand. Entspannen Sie sich und bleiben Sie gelassen. Rufen Sie den Segen des höchst göttlichen Seins und Ihrer spirituellen Lehrer an, damit sie Sie auf eine höhere Ebene des Bewusstseins führen.

Einige werden viele Jahre brauchen, bis sie einen kurzen Moment der Erleuchtung oder des Buddha-Bewusstseins erleben. Andere brauchen vielleicht nur wenige Monate, wieder andere vielleicht sogar nur Wochen. In wenigen Ausnahmen werden bestimmte Personen schon nach den ersten paar Versuchen eine Bewusstseinserweiterung erfahren. Dies geschieht normalerweise nur unter der Anleitung eines Gurus.

Während dieser Meditation sollte der Praktizierende neutral bleiben. Er sollte nicht zwanghaft auf irgendwelche Resultate fixiert sein oder mit zu hohen Erwartungen an die Meditation herangehen. Sonst meditiert er in Wirklichkeit über seine Erwartungen oder die gewünschten Resultate statt über den Lichtpunkt, das OM und die Pause zwischen zwei OMs.

Nach ungefähr zehn Minuten Stille kehren Sie allmählich sanft in Ihren Körper zurück und bewegen Ihre Finger.

9.   Setzen Sie überschüssige Energie frei durch Segnung und Verwurzelung.

Heben Sie nach der Meditation Ihre Hände wieder mit den Handflächen nach vorn. Stellen Sie sich die Erde vor. Setzen Sie nun überschüssige Energie frei, indem Sie die Erde einige Minuten lang mit Licht, liebevoller Güte, Frieden und Wohlstand segnen, bis sich Ihr Körper wieder normal anfühlt.

Dabei können Sie folgendes sagen:

Möge die ganze Erde mit göttlichem Licht, göttlicher Liebe
und göttlicher Kraft gesegnet sein.
Möge die ganze Erde mit Frieden, Ordnung, Spiritualität,
Fülle und Wohlstand gesegnet sein.
Mögen alle Menschen, alle Wesen mit Glück, Gesundheit,
Spiritualität und Fülle gesegnet sein. Alle seien gesegnet.

Nachdem Sie auf diese Weise Ihre überschüssige Energie freigesetzt haben, können Sie bestimmte Personen oder Familienmitglieder und Freunde segnen. Es ist wichtig, diese überschüssige Energie nach der Meditation freizusetzen, denn ansonsten wird es zu Pranastauungen kommen, was Kopf- und Brustschmerzen verursacht. Langfristig wird der Körper von zuviel Energie Schaden nehmen. Andere esoterische Schulen setzen überschüssige Energie frei, indem sie visualisieren, wie die Chakras die überschüssige Energie nach außen abgeben, dadurch kleiner werden und weniger stark leuchten. Diese Methode jedoch nutzt die überschüssige Energie nicht auf produktive Weise.

Richten Sie jetzt ganz sanft Ihre Aufmerksamkeit auf das untere Ende Ihrer Wirbelsäule. Leiten Sie Ihr Bewusstsein hinunter in die Erde und stellen Sie sich vor, wie Licht drei Meter tief in die Erde hinabfließt. Segnen Sie die Erde, indem Sie in der Stille sagen:

Gesegnet sei Mutter Erde mit göttlichem Licht,
göttlicher Liebe und Kraft.
Möge Mutter Erde neu belebt, geheilt und regeneriert sein.
Gesegnet sei Mutter Erde.
Ich bin mit Mutter Erde verbunden und in ihr verwurzelt.

Sie können dies zwei oder drei Mal wiederholen. Es wird Ihr Bewusstsein in den physischen Körper zurückbringen. Dies versetzt den Meditierenden in die Lage, mit den Angelegenheiten des täglichen Lebens klarzukommen und sich einen ordentlichen Lebensunterhalt zu verdienen. Viele spirituell Praktizierende haben mit ihrer praktischen Veranlagung und dem Geldverdienen Probleme, weil sie nicht mit Mutter Erde verwurzelt sind.

10. Dankgebet.

Danken Sie nach jeder Meditation der göttlichen Vorsehung und Ihren spirituellen Führern für alle göttlichen Segnungen. Dazu können Sie folgendes Gebet sprechen:

Höchster Gott,
wir danken dir für deinen göttlichen Segen.
Mein spiritueller Lehrer, all ihr spirituellen Lehrer,
heiligen Meister, alle Heiligen, heiligen Engel, spirituellen
Helfer und alle großen Wesen, wir danken euch für euren
unendlich großen Segen. Wir danken euch.

Öffnen Sie sanft Ihre Augen mit einem großen Lächeln. Wenn Sie bemerken, dass einige Ihrer alten Emotionen hochkommen, ist das gut so. Dies ist Teil des Reinigungsprozesses. Versuchen Sie also nicht, ihn zu kontrollieren oder zu unterdrücken.

11. Weiteres Freisetzen von überschüssiger Energie durch Körperübungen und Massagen.

Es ist wichtig, den Körper nach der Meditation auszuschütteln und weitere Körperübungen zu machen. Sie sollten auch verschiedene Körperteile massieren, besonders die Gegend um die Leber und die Nieren. Dazu können Sie die in Kapitel 11 beschriebenen Übungen und Massagen machen (ohne Schritt 10). Der Zweck dieser Übungen ist, überschüssige Energie weiter freizusetzen, verbrauchte Energie aus dem Körper auszuleiten und so den Körper zu reinigen und zu stärken. Dies erleichtert auch die Aufnahme von frischem Prana und spiritueller Energie, was die Schönheit und Gesundheit des Praktizierenden fördert. Massagen und Übungen nach der Meditation verringern außerdem die Wahrscheinlichkeit von Pranastauungen in bestimmten Körperteilen, die mit der Zeit zu Krankheiten führen könnten. Wenn Sie bereits verschiedene Beschwerden haben, so können Sie sich davon nach und nach durch Körperübungen nach der Meditation über zwei Herzen befreien. Körperübungen nach der Meditation sind sehr wichtig. Manche Praktizierende wollen lieber im Zustand der Glückseligkeit bleiben, der sich in der Meditation eingestellt hat, statt anschließend die Körperübungen zu machen. Dieser Neigung sollte man nicht nachgeben, denn sonst wird die körperliche Gesundheit irgendwann darunter leiden. Der sichtbare physische Körper wird dadurch unweigerlich geschwächt. Auch wenn der Energiekörper sehr hell und stark wird, wird der physische Körper aber immer schwächer werden, denn er ist langfristig nicht in der Lage, die nach der Meditation verbleibende Energie zu verarbeiten. Um dies zu verstehen und nachvollziehen zu können, müssen Sie es selbst erlebt haben.

Diese Anweisungen mögen Ihnen vielleicht ziemlich lang und umfangreich vorkommen, doch die eigentliche Meditation ist kurz, einfach und sehr wirksam! Sie dauert nur etwa 30 Minuten, die Zeit für die Körperübungen nicht mit eingerechnet.

Es gibt viele unterschiedliche Grade der Erleuchtung. Die Kunst des „intuitiven Erfassens" oder des „direkten Allwissens" erfordert regelmäßiges Meditieren über einen längeren Zeitraum.

Die Segnung der Erde mit liebevoller Güte kann auch von einer Gruppe als ein Dienst an der Welt ausgeführt werden. Wenn Sie die Meditation zu diesem Zweck machen, segnen Sie die Erde mit liebevoller Güte zunächst durch das Herzchakra, dann durch das Kronenchakra und schließlich durch beide zugleich. Setzen Sie nach der Meditation die überschüssige Energie frei. Sie können Ihren Segen auch gezielt auf ein bestimmtes Land oder eine Gruppe von Ländern richten. Die Kraft der Segnungen erhöht sich um ein Vielfaches, wenn sie von einer Gruppe anstelle eines Einzelnen kommen. Eine weitere Möglichkeit, die Erde als Gruppe mit liebevoller Güte zu segnen, besteht darin, die Meditation zu einer angemessenen Zeit im Radio auszustrahlen, an denen die meisten Zuhörer teilnehmen können.

Regelmäßig praktiziert, führt die Meditation über zwei Herzen zu besserer physischer, emotionaler, mentaler und spiritueller Gesundheit. Wie die Pranaheilung „wie durch ein Wunder" sowohl einfache als auch ernsthafte Erkrankungen und Beschwerden eines Einzelnen heilen kann, so kann die Meditation über zwei Herzen – wenn sie von vielen Menschen gemeinsam praktiziert wird – auf ebenso wundersame Weise die ganze Erde heilen und sie damit zu einem harmonischeren und friedvolleren Ort machen. Diese Botschaft ist an alle Leser mit entsprechender spiritueller Reife und der Absicht, Gutes zu tun, gerichtet.

Selbstheilungsmeditation

Wenn Sie an Ihrer Selbstheilung arbeiten, setzen Sie nach der Meditation über zwei Herzen die verbliebene überschüssige Energie nicht sofort frei, sondern führen Sie die Selbstheilungsmeditation durch. Das Kronenzentrum, das während der Meditation über die zwei Herzen stark aktiviert wurde, ist die Eintrittspforte für die göttliche Energie in den Körper. Wenn große

Mengen der göttlichen Energie in den Körper einströmen, erscheint sie dem Meditierenden wie strahlendes flüssiges weißes Licht, das auch als „lebendes Wasser" bekannt ist. Diese göttliche Energie hat eine enorme Heilkraft.

Visualisieren Sie oder stellen Sie sich ein strahlend weißes flüssiges Licht vor, das in verschiedene Teile Ihres Körpers und in die Chakras fließt, besonders in den betroffenen Körperteil oder die Körperteile, die der Heilung bedürfen. Wichtig ist dabei, dass Sie dieses strahlend weiße flüssige Licht nicht nur in die erkrankten Körperteile, sondern in nahezu alle Bereiche Ihres Körpers und alle Energiezentren lenken, weil die Heilung nicht nur vom Zustand des betroffenen Körperteils, sondern auch vom Allgemeinzustand des gesamten Körpers und der Energiezentren abhängt.

Sie sollten sich für die Meditation zur Selbstheilung ausreichend Zeit nehmen und Sie ganz ruhig und ohne Hast ausführen. Erwarten Sie keine Wunder, auch wenn diese manchmal eintreten können. In der Regel dauert es mehrere Monate, bis eine wesentliche oder die vollständige Heilung einsetzt. Führen Sie die Selbstheilungsmeditation mindestens drei Monate lang durch.

Sie können dieser Anleitung folgen:

1.   Schließen Sie Ihre Augen und legen Sie die Zunge, wie bereits beschrieben, an den Gaumen.
2.   Rufen Sie den göttlichen Segen zur Heilung an. Sie können dazu das folgende Gebet verwenden:

Höchster Gott,
mein spiritueller Lehrer, all ihr spirituellen Lehrer und all ihr
großen Wesen, ich danke euch für euren göttlichen Segen,
für göttliche Heilung, Führung, Hilfe und Schutz!
Ich danke euch in vollem Vertrauen!

3. Stellen Sie sich das strahlend weiße flüssige Licht vor,

a) über Ihrem Kronenchakra. Das strahlend weiße flüssige Licht tritt durch Ihr Kronenchakra ein, fließt durch Ihren Kopf, Ihren Rumpf, Ihre Arme und Beine. Es fließt von oben in Ihren Kopf und Körper hinein und durch Ihre Hände und Füße wieder heraus.

b) wie es in Ihr Gehirn fließt, in die rechte und die linke Hirnhälfte, nach vorn, nach hinten und in die Mitte. Sagen Sie im Stillen: „Mein ganzes Gehirn leuchtet hell und ist gesund."

c) wie es in die Epiphyse und die Hypophyse fließt und diese füllt. Sagen Sie im Stillen: „Meine Epiphyse und meine Hypophyse sind mit Licht und Leben gefüllt."

d) wie es in Ihre Augen, Ihre Nase, Ihre Ohren, Ihr Zahnfleisch, und Ihren Mund fließt. Alle diese Körperteile sind gesund. Sagen Sie im Stillen: „Meine Augen, meine Nase, meine Ohren, mein Zahnfleisch, und mein Mund sind mit Licht und Leben gefüllt. Sie leuchten hell und sind gesund."

e) wie es in Ihre Kiefer, Ihren Hals und Ihren Nacken einströmt. Alle diese Körperteile sind mit strahlend weißem flüssigem Licht gefüllt. Sagen Sie im Stillen: „Meine Kiefer, mein Hals und mein Nacken sind gesund."

f) wie es in Ihre Wirbelsäule eintritt. Sie ist ganz mit dem heilenden Licht gefüllt. Ihre Wirbelsäule wird heller. Sie wird beweglicher und elastischer. Sagen Sie im Stillen: „Meine ganze Wirbelsäule ist mit strahlend weißem flüssigem Licht gefüllt, besonders der untere Bereich und das Steissbein. Sie leuchtet hell und ist gesund."

g) wie es in Ihre Lunge fließt. Sagen Sie im Stillen: „Meine Lunge ist mit strahlend weißem flüssigem Licht gefüllt. Meine ganze Lunge leuchtet hell und gesund. Sie ist mit Licht und Leben gefüllt. Sie ist vollständig mit göttlicher Heilenergie gefüllt."

h) wie es in Ihr Herz und Ihre Thymusdrüse strömt. Sagen Sie im Stillen: „Mein Herz und meine Thymusdrüse sind mit strahlend weißem flüssigem Licht gefüllt. Sie leuchten hell und sind gesund."

i) wie es in Ihre Brust fließt. Sie ist mit göttlicher Heilenergie gefüllt. Sagen Sie im Stillen: „Meine Brust leuchtet hell und ist gesund."

j) wie es in Ihre Leber und Ihre Gallenblase eintritt, die sich unter der rechten unteren Rippe befinden. Diese Organe sind mit strahlend weißem flüssigem Licht gefüllt. Sagen Sie im Stillen: „Meine Leber und meine Gallenblase leuchten hell und sind gesund."

k) wie es in Ihre Milz fließt, die sich unter der linken unteren Rippe befindet. Sie ist mit strahlend weißem flüssigem Licht gefüllt. Sagen Sie im Stillen: „Meine Milz leuchtet hell, ist gesund und voller Energie."

l) wie es in Ihren Magen, Ihre Bauchspeicheldrüse und Ihren Dünn- und Dickdarm strömt. All diese Organe sind mit strahlend weißem heilendem Licht gefüllt. Sagen Sie im Stillen: „Mein Magen, meine Bauchspeicheldrüse und mein Dünn- und Dickdarm leuchten hell und sind gesund."

m) wie es in Ihre Nieren und Nebennieren fließt. Sie sind mit strahlend weißem flüssigem Licht gefüllt. Sie sind mit heilendem Licht gefüllt und voller Leben. Sagen Sie im Stillen: „Meine Nieren und Nebennieren leuchten hell und sind gesund."

n) wie es in Ihre Geschlechtsorgane und die Harnblase eintritt. Auch sie sind mit strahlend weißem flüssigem Licht gefüllt. Sagen Sie im Stillen: „Meine Geschlechtsorgane leuchten hell, sind stark und gesund."

o) wie es in Ihre Schultern einströmt und sie mit strahlend weißem flüssigem Licht füllt. Sagen Sie im Stillen: „Meine Schultern sind entspannt und voller Licht."

p) wie es in Ihre Arme fließt. Sie sind mit strahlend weißem flüssigem

Licht gefüllt. Sie leuchten hell und sind gesund. Die Achselhöhlen, Ellbogen, Handgelenke, Hände und Finger sind mit strahlend weißem flüssigem Licht gefüllt. Sagen Sie im Stillen: „Meine Arme, Achselhöhlen, Ellbogen, Handgelenke, Hände und Finger leuchten hell und sind gesund".

q) wie es in Ihre Beine fließt. Auch sie sind mit strahlend weißem flüssigem Licht gefüllt. Sie sind mit Licht gefüllt und voller Energie. Ihre Hüften, Knie, Fußgelenke und Füße sind mit strahlend weißem Licht gefüllt. Sagen Sie im Stillen: „Meine Beine, Hüften, Knie, Fußgelenke und Füße sind gesund und stark."

r) wie es in jede Zelle Ihres Körpers und jede Zelle Ihres Blutes strömt. Sie sind mit strahlend weißem flüssigem Licht gefüllt. Sagen Sie im Stillen: „Mein Blut ist gesund. Mein Blut ist voller Licht und Leben."

s) wie es in Ihre Hormondrüsen fließt. Sagen Sie im Stillen: „Meine Hormondrüsen sind gesund und arbeiten harmonisch zusammen. Jedes Organ in meinem Körper ist gesund und mit Licht gefüllt."

t) Sprechen Sie die folgende Affirmation aus: „Mein ganzer Körper ist mit Licht angefüllt und voller Leben. Er ist stark und gesund. Ich bin glücklich und bin voller Liebe und Leben. So sei es."

Nachdem Sie die Selbstheilungsmeditation durchgeführt haben, sollten Sie die überschüssige Energie durch Segnung, Verwurzelung und Erdung freisetzen. Sie sollten, wie sonst auch nach der Meditation, die notwendigen Körperübungen und Massagen durchführen.

Anmerkung des Autors:

Die Selbstheilungsmeditation ist kein Ersatz für ordnungsgemäße medizinische Behandlung. Bei schwerer Krankheit und andauernden Symptomen konsultieren Sie bitte Ihren Arzt und wenn möglich einen erfahrenen Prana-Anwender.

Diesem Kapitel liegen Auszüge aus dem Buch Grundlagen des Pranaheilens von Master Choa Kok Sui sowie aus seiner CD Meditation über zwei Herzen mit Selbstheilungsmeditation zugrunde.

TEIL II

MEDITATION ÜBER DIE BLAUE PERLE

Meditation über die Seele

EINSWERDEN MIT DER SEELE

13. Kapitel:
Die drei permanenten Samen und der Samen des Bewusstseins

Ein Architekt oder Ingenieur entwirft den Plan eines Gebäudes und speichert ihn auf einer Diskette. Die Diskette enthält das Muster oder den Entwurf des gesamten Gebäudes. Auch wenn das Rohmaterial, das Geld und die Arbeiter zur Verfügung stehen, so wird es ohne Entwurf, ohne einen Plan doch kein Gebäude geben. Im weiteren Sinne könnte man also sagen: Das Gebäude entsteht aus dem Entwurf, und der Entwurf entspringt dem kreativen Geist des Architekten oder Ingenieurs. Woraus entsteht ein Apfelbaum? Aus einem Kern. Der Kern enthält den Bauplan des gesamten Baumes und der Frucht. In ähnlicher Weise verfügt auch eine Person über innere Samen, im Sanskrit *„Bindus"* genannt. Theosophen nennen diese Samen „permanente Atome". Es gibt drei innere Samen:

1. den permanenten physischen Samen (Same des Lebens)
2. den permanenten emotionalen Samen
3. den permanenten mentalen Samen (Same des Bewusstseins).

Der permanente physische Same

Der permanente physische Same befindet sich im Herzchakra und im physischen Herzen. Er ist aus einem hellen, kraftvollen Rot, umgeben von den Regenbogenfarben. Er ist wie ein Datenspeicher, und enthält den Bauplan und Entwurf des gesamten physischen Körpers und der Energiekörper. Mutter und Vater eines Menschen haben zwei unterschiedliche Sätze an Genen, und es gibt eine nahezu unendliche Zahl an Kombinations-

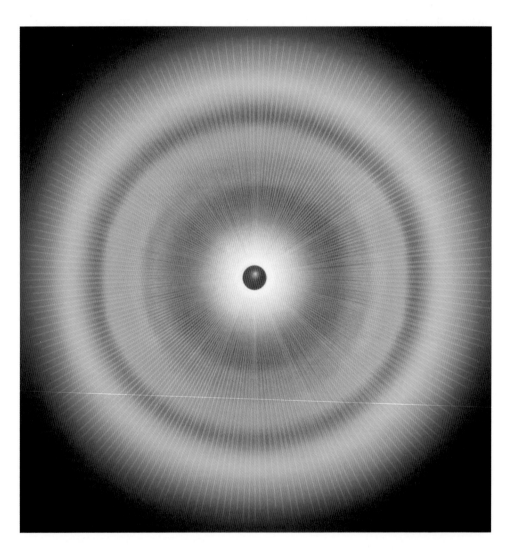

Abb. 13.1: *Der permanente physische Same, der im Herzchakra und dem physischen Herz angesiedelt ist.*

möglichkeiten dieser Gene. Welcher Faktor entscheidet nun, welche Gene ausgewählt werden? Dies entspricht dem Plan des Architekten, nach dem die Auswahl der Baumaterialien bestimmt wird. Ebenso werden die Gene auf der Basis des Entwurfs ausgewählt, der im permanenten physischen Samen verschlüsselt ist. Hat die Person aus früheren Leben negatives Karma angehäuft, so ist im permanenten physischen Samen ein Defekt im Entwurf verschlüsselt.

Der permanente physische Same oder Lebenssame schenkt dem physischen Körper Leben. Von der höheren Seele wird dem permanenten physischen Samen seelische Lebensenergie eingehaucht und in die verschiedenen Teile des physischen Körpers verteilt, was den Körper zu einem integrierten Ganzen werden lässt. Sie vermittelt dem Körper außerdem die Fähigkeit, Prana aufzunehmen. Wenn diese seelische Lebensenergie dem permanenten physischen Samen entzogen wird, stirbt der Körper. Wenn jemand im Sterben liegt, leuchtet der permanente physische Same nur noch schwach in blassroter Farbe. Ein fortgeschrittener Hellsichtiger kann erkennen, ob eine Person schon bald sterben wird, indem er sich den Zustand des permanenten physischen Samens anschaut. Wird der permanente physische Same dem Körper entzogen, stirbt der Körper als Ganzes, doch die Zellen sind noch immer lebendig. Aber es gibt keinen integrierenden, zusammenhaltenden Faktor mehr. Das ist der Grund, weshalb Fingernägel und Haare von Toten noch eine Weile weiterwachsen. Man kann dies auch mit dem Untergang des römischen Weltreichs vergleichen. Das Reich als Ganzes hörte auf zu existieren, doch die Menschen, die dieses Weltreich ausmachten, lebten auch nach dem Untergang weiter.

Bevor die höhere Seele einen Teil ihrer selbst zur Inkarnation in die Materie schickt, befragt sie zunächst ein äußerst intelligentes höheres Wesen. Mit Hilfe dieses großen überlegenen Wesens wird ein Plan oder eine

Bestimmung für eine Person erstellt und im dauerhaften physischen Samen verschlüsselt. Danach enthält der permanente physische Same die Bestimmung eines Menschen.

Ein großer Yogi oder weit fortgeschrittener Hellsichtiger kann sich Ihren permanenten physischen Samen anschauen und Ihre Bestimmung aus ihm herauslesen. Die entsprechenden Bilder erscheinen in dreidimensionalen Formen. Die Geschwindigkeit, mit der dies abläuft, kann sehr hoch, normal oder sehr langsam sein. Dies ist abhängig vom Willen des Hellsichtigen. Sie können Ihr Leben mit dem Muster innerhalb dieses Samens vergleichen. Einiges wird ähnlich sein, anderes wird abweichen. Dies ist so, weil jeder Mensch einen freien Willen hat und selbst entscheiden kann, ob er seiner Bestimmung folgt oder nicht.

Durch diese im permanenten physischen Samen gepeicherte Bestimmung haben viele Menschen die Erfahrung gemacht, dass sie an einem bestimmten Punkt in ihrem Leben zu einem neuen Lebensentwurf kommen. Zu einem anderen Zeitpunkt beginnen sie wiederum mit dem nächsten Lebensentwurf. Es scheint, als gäbe es im Inneren jedes Menschen eine Art innere Uhr, die ihn zu gegebender Zeit eine neue Richtung in seinem Leben einschlagen lässt.

DER PERMANENTE EMOTIONALE SAME

Der permanente emotionale Same befindet sich im Solarplexuschakra und in der Leber. Seine Farbe ist ein rötliches bis rosafarbenes Rosenrot, umgeben von den Regenbogenfarben. Der permanente emotionale Same ist für den Entwurf Ihres Emotionalkörpers verantwortlich. Warum wird dieser feinstoffliche Körper „ Emotionalkörper" genannt? Weil eine Person durch

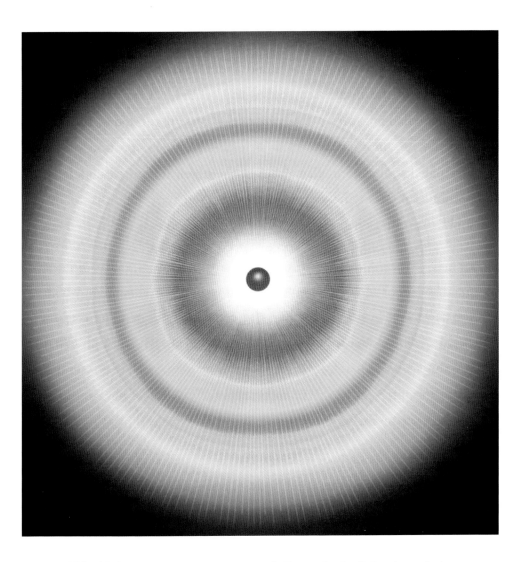

Abb. 13.2: Der permanente emotionale Same, der im Solarplexuschakra
und der Leber angesiedelt ist

ihn imstande ist, das ganze Spektrum intensiver Emotionen von Wut, Trauer und Angst bis hin zu Liebe, Zärtlichkeit und anderen Emotionen zu fühlen.

Mit Hilfe des Emotionalkörpers kann ein Liebespaar in der inneren Welt eine Vereinigung in göttlicher Ekstase erreichen. Der Emotionalkörper wird auch „Astralkörper" genannt, denn er besteht aus Licht. Von seinem Aussehen her gleicht er dem Sternenlicht.

Wenn der Körper schläft, verlässt ein großer Teil der inkarnierten Seele den physischen Körper und begibt sich in den Emotional- oder Astralkörper. Es besteht kein Grund zur Angst, wenn die Seele den Körper verlässt, denn ein Teil der inkarnierten Seele wird immer beim Körper zurückgelassen. Astralreisen könnte man vergleichen mit dem Wechseln des Autos, das man fährt. Heute können Sie mit einem bestimmten Auto unterwegs sein und morgen mit einem ganz anderen. Wie ist es möglich, dass ein Teil der inkarnierten Seele im physischen Körper zurückgelassen werden kann, während sich ein großer Teil von ihr im Emotionalkörper befindet? Dazu müssen Sie sich die Seele als spirituelle Energie in flüssiger Form vorstellen. Ein Teil davon kann hier bleiben, ein anderer gleichzeitig woanders sein.

Haben Sie schon einmal bemerkt, dass Sie einen Traum hatten, in dem Sie nackt herumliefen? Wie kam das zustande? Nun, der Astralkörper ist unbekleidet. Aber in der inneren Welt sind unsere Gedanken und Gefühle sehr mächtig. Das, was Sie denken, ist. Wenn Sie also in der inneren Welt Kleidung „materialisieren" wollen, dann geschieht das unmittelbar! Wenn Sie gertenschlank sein wollen, dann brauchen Sie nur daran zu denken, gertenschlank zu sein, und Sie werden sofort schlank sein.

Wenn der Körper in den Schlaf fällt, begibt sich die inkarnierte Seele vom physischen Körper in den Astralkörper. Das passiert immer, wenn man sich schlafen legt. Es gibt verschiedene Hinweise und Anzeichen dafür, dass die inkarnierte Seele zum Astralkörper überwechselt. Manchmal verspürt der Körper im Schlaf oder in der Meditation eine starke Energievibration, gleichzeitig kann man einen inneren Klang vernehmen, der mitunter sehr laut zu werden vermag. Das sind Anzeichen dafür, dass die Seele im Begriff ist, den physischen Körper zu verlassen und in den Astralkörper überzuwechseln. Kein Grund zur Panik – lassen Sie es einfach zu! Da ein Teil der inkarnierten Seele zurückgelassen wird, ist der Körper weiterhin geschützt.

Manche Menschen hören ein summendes Geräusch, das einer vorbeifliegenden Biene oder einem Düsenflugzeug ähnlich ist, wenn sie im Schlaf ihren physischen Körper verlassen. Andere haben das Gefühl, nach links oder rechts aus dem Bett herauszufallen und sind dann plötzlich aus ihrem Körper heraus. Einige Menschen haben manchmal in der Meditation oder im Schlaf ein Gefühl des Herumwirbelns oder Herauswirbelns aus dem Körper. Im Schlaf spüren manche Menschen auch ein rhythmisches Hin- und Herschwingen nach links und rechts, wobei sie mitunter sogar den Boden zu berühren scheinen, bevor sie aus dem Körper herausschwingen. Dies sind einige der Möglichkeiten, wie die Seele aus dem physischen Körper austritt. Die Vorstellung außerkörperlicher Erfahrungen ist übrigens nichts Neues. Im zweiten Brief des Paulus an die Korinther 12,2-3 heißt es: „Ich weiß von einem Menschen in Christus, dass vor vierzehn Jahren – ob im Leibe, weiß ich nicht, ob außer dem Leibe, weiß ich nicht, Gott weiß es – der Betreffende bis in den dritten Himmel entrückt wurde. Und ich weiß von dem betreffenden Menschen – ob im Leibe, ob ohne den Leib, weiß ich nicht, Gott weiß es –, dass er in das Paradies entrückt wurde."

Wenn der physische Körper stirbt, wechselt die inkarnierte Seele zum Astralkörper über. Im Sanskrit wird der Astralkörper als *Kamakosha* bezeichnet. Kama bedeutet „Emotion" oder „Verlangen" und Kosha bezieht

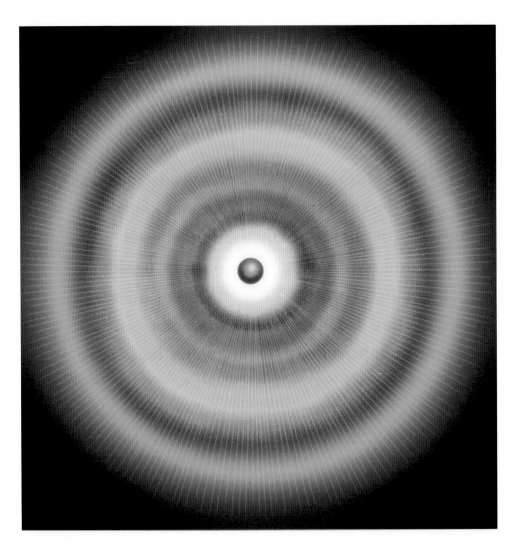

Abb. 13.3: *Der mentale permanente Samen oder Samen des Bewusstsein,*
der sich im Kronenchakra und der Zirbeldrüse befindet.

sich auf den Körper. Kamakosha bedeutet also wörtlich „Körper der Emotionen".

Der permanente mentale Same

Der permanente mentale Same ist der sogenannte „Same des Bewusstseins", der sich im Kronenchakra und in der Epiphyse (Zirbeldrüse) befindet. Dies ist der wichtigste Same von allen. Er enthält das Muster für den Mentalkörper. Warum wird dieser feinstoffliche Körper Mentalkörper genannt? Weil mit diesem feinstofflichen Körper Wissen oder Informationen aus einem ganzen Buch oder mehreren Büchern nahezu unmittelbar von einer Seele auf die andere übertragen werden können. In diesem Vehikel sind Lernprozesse und Informationsaustausch mit atemberaubender Geschwindigkeit beschleunigt. Es kann auch andere Funktionen übernehmen, aber es ist hauptsächlich auf Empfang, Verarbeitung und das Senden von Informationen ausgerichtet, ebenso wie der Emotionalkörper in erster Linie auf Gefühle spezialisiert ist.

Der permanente mentale Same enthält außerdem alle Aufzeichnungen des Menschen aus seinen früheren Leben. Wenn ein Guru ein weit fortgeschrittener Hellsichtiger ist, könnte er einen Schüler bitten, sich zu setzen, und in dessen Kronenchakra und permanenten mentalen Samen hineinschauen und dort die früheren Leben dieses Schülers „lesen". Auf dieselbe Weise „las" Bischof Leadbeater, ein ausgezeichneter Hellsichtiger, die früheren Leben von Krishnamurti.

Der permanente mentale Same ist wie ein winziges Korn. Seine Farbe ist ein helles Indigo, umgeben von den Regenbogenfarben. Manchmal sieht er wie ein blauer Punkt oder eine kleine indigofarbene Kugel aus.

Deshalb bezeichnen indische Yogis diesen Samen des Bewusstseins auch als „die blaue Perle". Die blaue Perle wird durch das Pfauenauge symbolisiert.

Abbildungen von Gott Krishna, Bodhisattva Padmasambhava und anderen großen Avatare oder erhabenen Wesen zeigen diese mit einer Pfauenfeder auf dem Kopf, oder einem Pfau an ihrer Seite. Sufis bezeichnen die blaue Perle als „die Essenz" und die inkarnierte Seele oder das zwölfte Chakra als die „Präsenz". Wenn jemand spirituell fortgeschritten ist, sieht sein dauerhafter mentaler Same wie eine große blaue Murmel aus. Der Same des Bewusstseins oder die blaue Perle ist mit der Höheren Seele verbunden, ist aber nicht die Höhere Seele selbst. Die blaue Perle kann man mit einem Terminal vergleichen, während die Höhere Seele der Großrechner ist, an den die Terminals angeschlossen sind. So wie Ihnen das Terminal Zugang zum Großrechner verschafft, so gewährt Ihnen die blaue Perle, wenn Sie darüber meditieren, Zugang zu Ihrer Höheren Seele. Deshalb wird diese Meditationstechnik auch *Meditation über die blaue Perle* genannt.

Gleichzeitig kann die Höhere Seele die inkarnierte Seele über die blaue Perle kontaktieren. Wenn dies geschieht, könnten Sie eine Person in Blau sehen. In der Meditation sah eine Schülerin des Arhatic-Yoga einen blauen Fuchs am Fenster, der versuchte, ins Haus zu kommen. Der blaue Fuchs verwandelte sich in eine blaue Dame und kam zur Tür herein. Der blaue Fuchs oder die blaue Dame ist in der Tat die Höhere Seele, die versucht, mit der inkarnierten Seele Kontakt aufzunehmen.

Swami Muktananda war nach vielen Jahren spiritueller Praxis imstande, die blaue Perle zu sehen. Nach einer Weile sah er eine Person in Blau. Er sah die Höhere Seele bei dem Versuch, mit ihm zu kommunizieren.

Durch Meditation über den Samen des Bewusstseins oder die blaue Perle kann man in Kontakt mit der Höheren Seele kommen und Zugang zu inneren Welten und Universen erlangen. Man kann auch mit großen Wesen und Lehrern in Kontakt treten, von denen man unschätzbar wertvolle Lehren und Segnungen zu empfangen vermag. Diese mit den inneren Welten verbundenen Lehren werden in der christlichen Terminologie auch als „Wissen des Himmlischen Königreichs" bezeichnet. Der Begriff „Himmlisches Königreich" umschreibt die inneren oder spirituellen Welten. Das Wissen des Himmlischen Königreichs sind also die heiligen Lehren, die sich auf die inneren oder spirituellen Welten beziehen. In Matthäus 13,10-11 wird Christus von seinen Schülern gefragt, warum er zu den Menschen in Gleichnissen spreche, und er antwortete: „Euch ist's gegeben, die Geheimnisse des Himmelreichs zu verstehen, jenen aber ist es nicht gegeben." Diese heiligen Lehren sind auch die „Perlen". Sie werden nur denen gegeben, die bereit dafür sind. Deshalb sagte Christus in Matthäus 7,6: „Ihr sollt das Heilige nicht den Hunden geben, und eure Perlen nicht vor die Säue werfen."

Millionen von Seelen dürsten nach der Wahrheit. Deshalb werden die „Perlen" oder heiligen Lehren, die äonenlang geheim gehalten worden waren, nun nach und nach und in dem Maße offenbart, wie die Menschen mit ihnen umgehen können.

DEN SAMEN DES BEWUSSTSEINS FINDEN

Der permanente mentale Same oder Same des Bewusstseins befindet sich im Kronenchakra und der Epiphyse (Zirbeldrüse). Wie findet man nun den Samen des Bewusstseins? Berühren Sie die oberste Spitze Ihres linken und Ihres rechten Ohrs und stellen Sie sich vor, dass diese beiden Punkte durch eine gerade Linie miteinander verbunden sind. Berühren Sie das Ajnazen-

Abb. 13.4: *Das Pfauenauge symbolisiert die blaue Perle. Gott Krishna und Lord Pad-masambhava werden gewöhnlich mit einer Pfauenfeder auf dem Kopf abgebildet. Durch die Meditation über die blaue Perle kann man mit der höheren Seele eins werden.*

Abb. 13.5: *Gott Krishna mit einer Pfauenfeder*

Abb. 13.6: *Bodhisattva Padmasambhava mit einer Pfauenfeder auf dem Kopf.*
Abbildung aus dem Buch: „Om Mani Padme Hum" von Master Choa Kok Sui

Abb. 13.7: In buddhistischer Meditation kann der Meditierende vielleicht die blaue Perle oder blaue Scheibe mit dem inneren Auge erblicken, und wenn er weiter darüber meditiert, vielleicht Erleuchtung erfahren.

Abb. 13.8: Die blaue Perle in den Mosaiken der Basilika St. Vitale in Ravenna, Italien

Abb. 13.9: *König Ludwig II von Bayern (1845-1886) war ein katholischer Monarch. Allem Anschein nach war er sich der Existenz der blauen Perle bewusst, denn in seinem Palast Herrenchiemsee steht eine riesige bronzene Pfauenstatue und in seinem Schlafzimmer gibt es eine riesige kobaltblaue Glasskugel, die von innen erleuchtet werden kann und sehr an die blaue Perle erinnert.*

Abbildung aus dem Buch „Die spirituelle Essenz des Menschen" von Master Choa Kok Sui

trum zwischen den Augenbrauen, und gleichzeitig Ihren Hinterkopf. Stellen Sie sich eine Verbindungslinie auch zwischen diesen beiden Punkten vor. Diese beiden Linien bilden nun ein Kreuz. Der Schnittpunkt der beiden Linien ist ungefähr der Ort, an dem sich der Same des Bewusstseins oder der permanente mentale Same befindet. Die Zirbeldrüse liegt hinter dem Ajnazentrum (Augenbrauenzentrum). Dieses Organ und der Same des Bewusstseins liegen ziemlich genau in der Mitte des Kopfes. Die Hypophyse hingegen befindet sich unterhalb des Ajnazentrums – unmittelbar hinter der Nasenwurzel.

Wenn Sie diesen Punkt in etwa lokalisiert haben, rollen Sie Ihre Zungenspitze nach oben und legen Sie sie an den Gaumen. Lassen Sie nun Ihr Bewusstsein langsam und sanft mit Aufmerksamkeit und Konzentration in diesem Bereich umherwandern. Wenn Sie den exakten Punkt gefunden haben, werden Sie innere Stille, Frieden und Glückseligkeit erfahren.

14. Kapitel: Mehr über die spirituelle Schnur

Die drei Silberschnüre

Es gibt drei Silberschnüre:
1. die Silberschnur des Lebens
2. die Silberschnur der Emotionen
3. die Silberschnur des Bewusstseins

Der permanente physische Same ist mit einer Energieschnur verbunden, die als Lebensschnur bezeichnet wird, welche wiederum mit der Höheren Seele verbunden ist. Diese Silberschnur des Lebens ist silberfarben, mit etwas hellrot. Der permanente emotionale Same ist ebenfalls mit einer Energieschnur verbunden, die als emotionale Schnur bezeichnet wird. Auch diese ist mit der Höheren Seele verbunden. Sie ist silberfarben mit einem leichten Hauch von rosarot. Der Same des Bewusstseins ist über eine Energieschnur mit der Höheren Seele verbunden, die als Silberschnur des Bewusstseins bezeichnet wird. Diese ist silberfarben, mit ein bisschen indigoblau.

Die göttliche Schnur

Aus dem göttlichen Funken, der auch Monade genannt wird, erstreckt sich eine Energieschnur „abwärts". Sie wird als die göttliche Schnur bezeichnet und besteht aus strahlend weißem Licht. Die göttliche Schnur erstreckt sich nach unten zur Höheren Seele. Von der Höheren Seele wiederum führt sie weiter zur inkarnierten Seele herab. Die göttliche Schnur teilt sich in drei einzelne silberfarbene Schnüre auf, wenn sie durch die Höhere Seele „nach unten" zur inkarnierten Seele hinabführt: die Silberschnur des Lebens, die Silberschnur der Emotion und die Silberschnur des Bewusstseins. Diese drei Silberschnüre werden von der göttlichen Schnur umschlossen. Im Sanskrit wird die göttliche Schnur als *Sutra Atma* bezeichnet. Sutra bedeutet „Faden", atma bedeutet „göttlicher Funken". Die Gesamtheit der göttlichen Schnur oder des sutra atma zusammen mit den drei Silberschnüren wird als spirituelle Schnur oder als spirituelle Antenne bezeichnet.

Die spirituelle Schnur und die Erdschnur

Die spirituelle Schnur, auch bekannt als die „Obere Schnur", tritt durch das Kronenchakra in den physischen Körper ein. Der Same des Bewusstseins, der permanente mentale Same, der mit der Silberschnur des Bewusstseins verbunden ist, befindet sich im Kronenchakra und der Epiphyse. Der permanente physische Same, der mit der Silberschnur des Lebens verbunden ist, liegt im Herzchakra und im physischen Herzen. Der permanente emotionale Same, der mit der Silberschnur der Emotionen verbunden ist, befindet sich im Solarplexuschakra und in der Leber. Die spirituelle Schnur erstreckt sich vom Kronenchakra weiter nach unten in den *Sushumna-Nadi*, den zentralen Kanal in der Wirbelsäule, tritt in der Nähe des Steißbeins wieder aus und führt von dort einige Meter tief in die Erde.

Die untere Schnur bezeichnet man als Erdschnur. Ihre Farbe ist ein blasses Silber. Sie hilft der inkarnierten Seele, sich in der Erde zu verwurzeln und sich auf der irdischen Ebene zurechtzufinden und hier zu funktionieren. Diese Schnur hat mit den praktischen Aspekten des Lebens zu tun, und der Fähigkeit, mit den Anforderungen des irdischen Lebens zurechtzukommen. Viele Menschen, die sich auf einem spirituellen Weg befinden, sind nicht aus-

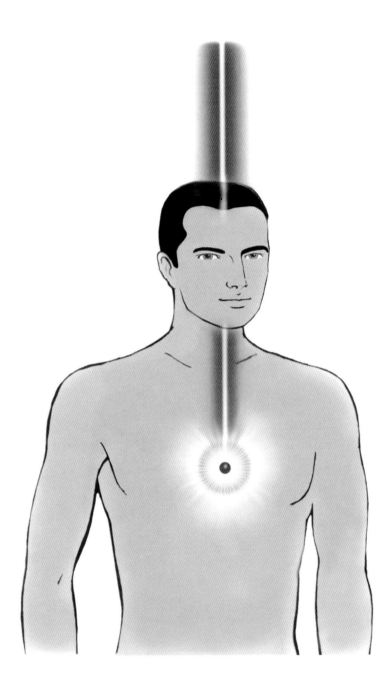

Abb. 14.1: *Die Silberschnur des Lebens mit dem permanenten physischen Samen, der sich im Herzchakra und dem physischen Herzen befindet*

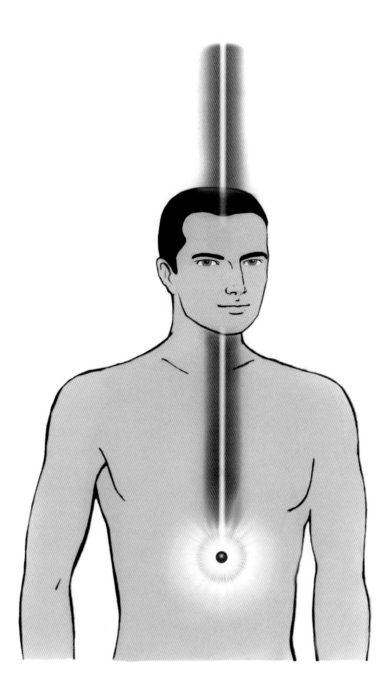

Abb. 14.2: *Die Silberschnur der Emotionen mit dem permanenten emotionalen Samen,*
der sich im Solarplexuschakra und der Leber befindet

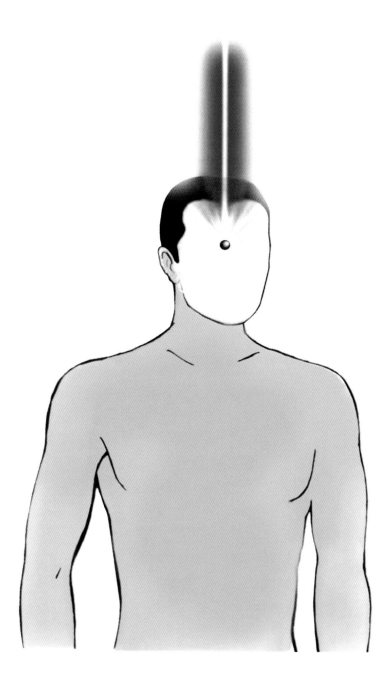

Abb. 14.3: *Die Silberschnur des Bewusstseins mit dem permanenten mentalen Samen, der sich im Kronenchakra und der Zirbeldrüse befindet*

reichend mit der Erde verwurzelt. Das ist der Grund, weshalb sie Probleme damit haben, Geld zu verdienen und ihre Familie zu ernähren.

Die untere Verwurzelung ermöglicht es dem Körper, Erdprana aufzunehmen, welches für einen gesunden und kräftigen Körper notwendig ist. Eine weitere Bezeichnung für die untere Verwurzelung ist Erdung, während die obere Verwurzelung auch als spirituelle Verwurzelung bezeichnet wird. Im Grunde genommen ist ein Mensch wie ein Baum, der sowohl auf Nahrung von der Erde als auch von der Sonne angewiesen ist. Die spirituelle Schnur verbindet uns mit der inneren Sonne oder Höheren Seele, was notwendig ist, damit ein Mensch psychisch und spirituell „blühen, gedeihen und Früchte tragen" kann.

Antakharana – die spirituelle Brücke aus Licht

Genauso, wie es verschiedene Arten von Elektrokabeln mit unterschiedlichen Funktionen gibt, gibt es auch feinstoffliche Energieschnüre mit unterschiedlichen Funktionen. Eine der wichtigsten feinstofflichen Schnüre ist die Antakharana. Antakharana bedeutet „Brücke aus Licht". Diese Brücke aus Licht wird von der inkarnierten Seele zur Höheren Seele und sogar zum göttlichen Funken errichtet. Die Hauptfunktion der Antakharana ist es, eine starke Kommunikationslinie zwischen inkarnierter Seele, Höherer Seele und dem göttlichen Funken zu bilden, so dass ein kontinuierlicher Fluss des Bewusstseins zwischen Höherer Seele und inkarnierter Seele stattfinden kann. Die Errichtung dieser Brücke geht langsam vonstatten und erfordert beträchtlichen Aufwand. Bei jeder neuen Inkarnation muss sie von Neuem aufgebaut werden. Diejenigen, die schon in früheren Leben an der Errichtung ihrer Antakharana gearbeitet haben, sind imstande, die Brücke schneller und leichter wiederherzustellen, verglichen mit denen, die gerade beginnen, daran zu arbeiten.

Die Antakharana kann folgendermassen aufgebaut werden:

1. Indem man regelmäßig Gottes Segen, den Segen seines Gurus und der erhabenen Wesen, den Segen der Höheren Seele und des göttlichen Funkens anruft.

2. Indem man sich regelmäßig an seine wahre Natur erinnert oder sich ihrer versichert. Dies geschieht durch die Seelenaffirmationen: „Ich bin nicht der Körper, ich bin nicht die Emotionen, ich bin nicht die Gedanken, ich bin nicht der Verstand – ich bin die Seele. Der Verstand ist ein subtiles Werkzeug der Seele. Ich bin ein spirituelles Wesen von göttlicher Intelligenz, göttlicher Liebe und göttlicher Kraft. Ich bin verbunden und eins mit meiner Höheren Seele. Ich bin verbunden und eins mit dem göttlichen Funken in mir. Ich bin ein Kind Gottes. Ich bin eins mit Gott. Ich bin eins mit allem." Schon das mehrfache tägliche Wiederholen dieser Affirmation hilft, die Brücke aus Licht oder Antakharana zu errichten. Der Verstand und die Seele sind nicht ein und dasselbe. Um das Verhältnis zwischen den beiden zu erklären: Der Verstand ist vergleichbar mit einem Computer, während die Seele die Person ist, die den Computer bedient.

3. Indem Sie regelmäßig Stille im Geist praktizieren und auf das „Flüstern" der Höhere Seele hören.

4. Indem Sie regelmäßig über das Vaterunser meditieren. [3]

5. Indem Sie die Meditation über zwei Herzen und die Meditation über die blaue Perle regelmäßig praktizieren. Dies erleichtert auch das Aufbauen der Antakharana.

6. Indem Sie regelmäßig Arhatic-Yoga, Stufe drei, und andere höhere Arhatic-Yoga-Übungen praktizieren, welche die Errichtung der Antakharana beschleunigen.

---

3 Siehe das Buch „Vaterunser – universelle und kabbalistische Chakrameditation mit dem christlichen Gebet" des Autors

Die Antakharana ist die Brücke aus Licht, die die inkarnierte Seele zur Höheren Seele aufbaut, während die spirituelle Schnur die Schnur aus spirituellem Licht ist, die sich von der Höheren Seele herab zur inkarnierten Seele und schließlich zum physischen Körper erstreckt. Am Ende verschmelzen Antakharana und spirituelle Schnur zu einem Ganzen.

Im engeren Sinne ist die Antakharana die Brücke aus Licht, die die inkarnierte Seele zur Höheren Seele aufbaut, während die spirituelle Schnur die Schnur aus spirituellem Licht ist, die sich von der Höheren Seele herab zur inkarnierten Seele und schließlich zum physischen Körper erstreckt. Am Ende verschmelzen Antakharana und spirituelle Schnur zu einem Ganzen. Daher macht der Verfasser in einigen seiner Werke keinen großen Unterschied zwischen der spirituellen Schnur und der Antakharana.

15. KAPITEL:
TOD UND SPIRITUELLE BEFREIUNG

DER RISS DER SILBERSCHNUR

In Esoterikbüchern bezieht sich der Begriff „Riss der Silberschnur" auf den Vorgang des Sterbens. Dieser Begriff ist zwar teilweise, aber nicht ganz korrekt:

1. Nicht nur eine, sondern drei Silberschnüre sind an diesem Vorgang beteiligt.
2. Es ist nicht ganz korrekt zu sagen, dass diese Silberschnüre reißen. Sie werden lediglich von den drei Verbindungspunkten im Körper abgetrennt. In dem Moment der Abtrennung werden die drei permanenten Samen auch gleichzeitig zurückgezogen. Wenn das geschieht, stirbt der Körper.

Die inkarnierte Seele trennt zuerst die Lebensschnur zusammen mit dem permanenten physischen Samen vom physischen Körper ab. Der permanente physische Same und die entsprechende Silberschnur werden allmählich wieder von der Höheren Seele aufgenommen und absorbiert. Die Höhere Seele braucht ungefähr 30 Tage, bis sie die Silberschnur zusammen mit dem permanenten physischen Samen wieder zurückgezogen hat. Die zweite Schnur, die vom physischen Körper abgetrennt wird, ist die emotionale Silberschnur, zusammen mit dem permanenten emotionalen Samen. Als letztes wird die die Silberschnur des Bewusstseins, zusammen mit dem permanenten mentalen Samen abgetrennt. Wenn die drei permanenten Samen zurückgezogen und die ihnen zugehörigen Silberschnüre durchtrennt sind, stirbt der physische Körper.

Der Seele wird nun eine Zeit lang im Emotional- oder Astralkörper weiterleben. Dieser ist dann über zwei Silberschnüre und zwei permanente Samen, den emotionalen und den mentalen, mit der Höheren Seele verbunden. Aber auch der Astralkörper ist nicht unsterblich. Auch er kann sterben. Wenn der Emotionalkörper stirbt, trennt die inkarnierte Seele die zwei Samen ab: den permanenten emotionalen Samen und den Samen des Bewusstseins sowie die ihnen entsprechenden Silberschnüre. Diese werden dem Emotionalkörper entzogen. Wenn dies geschieht, stirbt der Emotionalkörper. Der permanente emotionale Same und seine Silberschnur werden allmählich wieder von der Höheren Seele aufgenommen und behalten.

Nun lebt die Seele im niederen Mentalkörper weiter, verbunden über die Silberschnur des Bewusstseins und den permanenten mentalen Samen, aber der Mentalkörper ist ebenfalls nicht unsterblich. Auch er kann sterben. Wenn die Seele den Samen des Bewusstseins oder den permanenten mentalen Samen zusammen mit der Silberschnur des Bewusstseins zurückzieht, stirbt der niedere Mentalkörper. Der Same des Bewusstseins und seine entsprechende Silberschnur werden von der Höheren Seele wieder aufgenommen.

Die Höhere Seele befindet sich nun im höheren Mentalkörper, auch Kausalkörper genannt. In diesem feinstofflichen Körper sind alle karmischen Erfahrungen aufgezeichnet, die ein Mensch macht und gemacht hat. Man könnte den Kausalkörper also als Akasha-Chronik der Seele bezeichnen.

Die drei permanenten Samen werden von der Höheren Seele eingesammelt und in zukünftigen Wiederverkörperungen wieder eingesetzt. Dies ist, was Krishna meinte, als er sagte: „So wie ein Mensch von Tag zu Tag seine Kleidung wechselt, so wechselt die Seele den physischen Körper von Inkarnation zu Inkarnation." Um von einem Körper zum anderen wechseln zu können, sind die drei permanenten Samen und ihre entsprechenden Silberschnüre erforderlich.

Sterben und spirituelle Befreiung

Wenn ein Mensch stirbt, blickt er in Sekundenbruchteilen noch einmal auf sein gesamtes Leben zurück. Er sieht und hört klar, was er getan und gesagt hat – sowohl Gutes als auch Schlechtes. Er ist sein eigener Richter. Nach dieser Rückschau steigt eine enorme Menge spiritueller Energie zu ihm herab, die sich in seinem Innern als strahlend weißes Licht manifestiert. Wenn man dieses strahlend weiße Licht wahrnimmt, werden negative Gedanken und Gefühle in den Auren und Chakras des Äther-, Astral- und Mentalkörpers zu einem großen Teil aufgelöst. Die inkarnierte Seele selbst wird geläutert. Gott ist in der Tat allumfassende Liebe und allumfassendes Mitgefühl. Ganz gleich, welche Art von Leben jemand geführt hat, selbst wenn er kriminell war – zum Zeitpunkt des Todes erhält er eine neue spirituelle Chance oder Gelegenheit zur Besserung. Wenn man das strahlend weiße innere Licht wahrnimmt, kann man mit ihm eins werden und direkt in die Höhere Welt übergehen, die wir Menschen als „Himmel" bezeichnen. Es ist sehr wichtig, die Meditation über die Seele zu beherrschen, besonders wenn man stirbt. Sie ist ein Muss für jeden Menschen.

Wenn der Mensch mit dem strahlend weißen Licht verschmilzt, durchquert er einen Tunnel aus Licht, der eigentlich die spirituelle Schnur ist. In einigen Fällen vereinigt sich die inkarnierte Seele unmittelbar mit der Höheren Seele. Oder sie bleibt einfach für eine bestimmte Zeit im Himmel oder der Höheren Welt und wird später eins mit der Höheren Seele. Dies ist abhängig vom spirituellen Entwicklungsgrad der Seele. In der Meditation kann ein Yogi diesen Lichttunnel möglicherweise sehen und ihn durchqueren.

Der physische Tod kann zur spirituellen Befreiung werden. Es ist eine unschätzbar wertvolle spirituelle Gelegenheit, Erleuchtung und Einssein mit der eigenen Höheren Seele zu erlangen. Eine solche Gelegenheit sollte man nicht ungenutzt verstreichen lassen. Wenn sich ein Mensch dieser Gelegenheit nicht bewusst ist, wird er in den niederen Ebenen der Astralwelt einige Zeit mit Reinigung oder Läuterung verbringen müssen. Je nachdem, welche Qualität das Leben hatte, das dieser Mensch geführt hat, kann dies eine kurze oder lange Zeitspanne sein.

Es wichtig, dass der Körper eines im Sterben liegenden Menschen nicht umherbewegt sowie physisch oder psychisch durcheinander gebracht wird. Lärm sollte auf ein Minimum reduziert oder ganz vermieden werden, damit die Aufmerksamkeit des Sterbenden nicht vom inneren Licht abgelenkt wird. Die Übergangsphase von der physischen Ebene zur inneren Welt beträgt für eine Seele etwa 24 Stunden. Die ersten fünf Stunden sind die kritischste Phase. Auch wenn das Gehirn bereits klinisch tot ist, sind doch die Energiezentren oder Chakras noch immer am Leben. Durch diese Energiezentren sieht der Sterbende das strahlend weiße Licht und vereinigt sich mit ihm. Die Verabreichung von Beruhigungs- und schmerzstillenden Mitteln stört nicht nur die Gehirnfunktion, sondern auch die der Chakras im Kopfbereich. Während dieser Zeit ist es der inkarnierten Seele möglich, mit dem strahlend weißen inneren Licht zu verschmelzen und direkt in die Höhere Welt oder den Himmel einzugehen. Dies ist eine äußerst kostbare Gelegenheit zur spirituellen Befreiung. Es ist wahrhaft ein Verbrechen an der Seele, sie von dieser Möglichkeit abzulenken. Man kann übrigens eine orangefarbene Glühbirne aufstellen, um einem Menschen den Sterbeprozess zu erleichtern.

Wenn innerhalb der 24-stündigen Übergangsphase bestimmte Organe entfernt werden müssen, sollte dies mit so wenig physischer und psychischer Störung und Ablenkung wie möglich geschehen. Unnötiges Reden in unmittelbarer Nähe eines Sterbenden sollte vermieden werden. Auch sollte man der Seele in der Übergangsphase von der physischen zur inneren Welt den ihr angemessenen Respekt zukommen lassen. Nach etwa zwölf Stunden kann der Körper eingeäschert werden, um der Seele den Übergang zur inneren Welt zu erleichtern.

> *Der physische Tod kann zur spirituellen Befreiung werden. Es ist eine unschätzbar wertvolle spirituelle Gelegenheit, Erleuchtung und Einssein mit der eigenen Höheren Seele zu erlangen. Eine solche Gelegenheit sollte man nicht ungenutzt verstreichen lassen.*

DER VORGANG DER WIEDERVERKÖRPERUNG

Wenn sich die Höhere Seele wiederverkörpern will und die Bestimmung der inkarnierten Seele mit Hilfe eines höheren Wesens festgelegt worden ist, werden Ort und Körper, in den die Seele inkarnieren soll, ausgewählt. Die Höhere Seele erstreckt sich dann mit dem Samen des Bewusstseins in die untere mentale Welt hinein und bildet den niederen Mentalkörper. Der permanente emotionale Same dehnt sich „abwärts" in die Astralwelt aus und bildet den Astralkörper. Zu welchem Zeitpunkt gelangen alle drei permanenten Samen in den physischen Körper? Das ist wohl die Frage, die sich die meisten Leser stellen. Der permanente physische Same wird in dem Moment „gepflanzt", in dem das Spermium die Eizelle befruchtet. Drei bis vier Wochen danach schließt sich der permanente emotionale Same dem Fötus an. Nach weiteren zwei Wochen kommt der permanente mentale Same oder Same des Bewusstseins hinzu. Mit anderen Worten: Nach etwa eineinhalb Monaten sind alle drei permanenten Samen zusammen mit den entsprechenden Silberschnüren mit dem Fötus verbunden. Im siebten Monat nach der Zeugung verbindet sich die inkarnierte Seele mit dem Fötus. Zu diesem Zeitpunkt ist der Fötus bereits ein „Tempel des Heiligen Geistes" und daher ein lebendiges Wesen – viel mehr als nur eine Ansammlung von Fleisch oder Zellen.

Der Fötus in der Gebärmutter ist verschiedenen psychischen Eindrücken und den Gedanken und Gefühlen der Mutter ausgesetzt, auch all dem, was sie sieht und hört. Deshalb sollten sich Schwangere unbedingt in einer gesunden, harmonischen Umgebung aufhalten. Sie sollten ruhige und entspannende Musik hören. Sie sollten möglichst positive Gedanken und Gefühle haben. Alle Filme, in denen Grausamkeit oder extreme Gewalt gezeigt wird, sollten gemieden werden. Wichtig ist auch, etwas über die Leben großer Yogis oder Heiliger zu lesen. Auch Bücher über Mathematik, Naturwissenschaften, Ökonomie und andere Wissensgebiete sind zu empfehlen. All dies erleichtert dem heranwachsenden Baby seine psychische und mentale Entwicklung.

Wo wird die inkarnierte Seele im siebten Monat der Schwangerschaft verankert? Um diese Frage zu beantworten, sollten wir uns zunächst etwas näher mit den Chakras befassen.

Hauptchakras oder Energiezentren

Wie viele Hauptchakras gibt es? Gibt es sieben oder mehr als sieben Chakras? Die Antwort ist: Wahrheit ist dynamisch. Es gibt verschiedene Ebenen der Wahrheit.

Die erste Ebene der Wahrheit, dass es sieben Chakras oder Energiezentren gibt, wurde einer begrenzten Anzahl von Menschen in alter Zeit offenbart:

Das **Kronenchakra** ist auf dem Scheitel, der „Krone" des Kopfes. Es kontrolliert und energetisiert die Zirbeldrüse.

Das **Ajnachakra** sitzt zwischen den Augenbrauen. Es ist für die Hypophyse zuständig.

Das **Halschakra**, welches auf dem Hals liegt, kontrolliert und energetisiert die Schilddrüse.

Das **Herzchakra** ist in der Gegend des Herzens jeweils auf der Körpervorder- und -rückseite. Es reguliert die Thymusdrüse.

Das **Solarplexuschakra** auf dem Sonnengeflecht zwischen den zwei Rippenbögen (auf der Körpervorder- und -rückseite) kontrolliert und energetisiert die Bauchspeicheldrüse.

Das **Sexualchakra** liegt auf der Schamregion und ist für die Keimdrüsen zuständig.

Das **Basischakra** sitzt am Ende der Wirbelsäule. Es reguliert die Nebennieren (Adrenalindrüsen).

Die zweite Ebene der Wahrheit besteht darin, dass es neun Chakras gibt. In der Bhagavad Gita 5,13 erwähnt Krishna eine Stadt mit neun Toren – „… wohnt er glücklich in der Stadt der neun Tore…" Diese neun Tore stehen symbolisch für Energiezentren, durch die Energie heraus- und hereingehen kann.

Die zwei weiteren Chakras sind das **Milz**- und das **Nabelchakra**.

Das **Milzchakra** ist auf der Körpervorder- und -rückseite im Bereich der Milz und ist für die physische Milz zuständig.

Das **Nabelchakra** sitzt auf dem Nabel und kontrolliert und energetisiert den Dünn- und Dickdarm und den Blinddarm.

Dann gibt es die dritte Ebene der Wahrheit, dass es elf Chakras gibt. Auf dem umgekehrten Lebensbaum der Kabbala gibt es zehn Energiezentren, hier Sephiroth genannt, und ein weiteres verborgenes, also insgesamt elf Energiezentren. Aus diesem Grund wird in der Katha Upanishad in Vers 5 eine Stadt mit elf Toren erwähnt („… ihm ist die Stadt zu eigen der elf Tore…").

Die Chakras, um die es hier geht, sind das **Meng Mein** und das **Stirnchakra**.

Das **Meng Mein Chakra** ist auf der Körperrückseite in der Gegend des Nabels. Es kontrolliert und energetisiert die Nieren und Nebennieren.

Das **Stirnchakra** liegt auf der Mitte der Stirn und ihm ist das Nervensystem und die Zirbeldrüse zugeordnet.

Gibt es noch mehr als elf Chakras? Die Antwort ist ja. Die vierte Ebene der Wahrheit ist, dass es zwölf Chakras gibt. Das zwölfte Chakra befindet sich 12 Inches (30,5 cm) über dem Kopf. In der Bibel wird die Existenz des zwölften Chakras angedeutet im Buch der Offenbarung als eine Stadt mit zwölf Toren, welche von zwölf Engeln bewacht werden (Offenbarung 21,10-12). Es wird auch der Lebensbaum erwähnt, welcher zwölf Früchte trägt: „… wachsen Bäume des Lebens, die tragen zwölf (mal) Früchte…" (Offenbarung 22,2). Diese korrespondieren mit den zwölf Chakras.

DER SITZ DER INKARNIERTEN SEELE

Man nimmt an, dass die Seele im siebten Monat in den Fötus eintritt. In welchem „Teil" des Körpers hat die inkarnierte Seele ihren Sitz? Sie befindet sich im zwölften Chakra, 30 Zentimeter über dem Kopf. Das zwölfte

Chakra sieht wie ein goldener Stern aus. Manchmal wird es auch „Seelenstern" genannt. Wenn ein Mensch spirituell reift, verwandelt sich dieser Stern in eine goldene Perle, eine goldene Kugel, eine goldene Knospe oder eine goldene Flamme. In der christlichen Terminologie wird er auch als Pfingstfeuer bezeichnet (Apostelgeschichte 2,1-4).

Das Pfingstfeuer in der buddhistischen und taoistischen Religion

Einige der spirituell hoch entwickelten buddhistischen oder taoistischen Mönche werden mit einer goldenen Perle 30 Zentimeter über ihrem Kopf abgebildet. Wenn sich ein spirituell Praktizierender oder ein Yogi weiter entwickelt, blüht die goldene Knospe auf und öffnet sich zu einer kleinen Lotosblüte. Deshalb ist ein Guru so etwas wie ein Gärtner, und die inkarnierten Seelen sind wie die goldenen Sterne oder Knospen, die vom spirituellen Lehrer liebevoll umsorgt und genährt werden. Doch anders als physische Knospen brauchen spirituelle Sterne oder Knospen äonenlange Pflege. Wenn ein Schüler dies nicht versteht, kann er nicht nachvollziehen, welche enormen Opfer der Guru für die spirituelle Entwicklung seiner Schüler auf sich nimmt.

„Dies Wesen, von eines Daumens Größe,
ist wie die Flamme ohne Rauch…"

Katha Upanishad, Vers 4

Hinduismus und das Pfingstfeuer

Im Hinduismus gibt es auch die Lehre vom Pfingstfeuer. Die Katha Upanishad erwähnt in Vers 4 „Dies Wesen, von eines Daumens Größe, ist wie die Flamme ohne Rauch…", was sich auf das aktivierte zwölfte Chakra oder Pfingstfeuer bezieht.

Poorva Karana Agamam sagte „An dem Ort zwölf Inches (30 cm) über dem Kopf erkennt der Weise die Gegenwart des Gottes der Götter, den universellen Guru, den glückselig Tanzenden (Nataraja) in einer sehr subtilen Form"[4]. In Indien misst ein Inch eine halbe Daumenlänge.

Der Körper befindet sich innerhalb der Seele

Die Seele befindet sich überwiegend im zwölften Chakra. Von dort aus strahlt sie nach außen und bildet die „Seelen-Aura". Über die göttliche Schnur, die drei Silberschnüre und die drei permanenten Samen werden die verschiedenen Körper (der physische Körper, der Energiekörper, der Astralkörper und der Mentalkörper) mit der Essenz der Seele erfüllt. Dies nennt man auch die „Seelenenergie". So wie der Ätherkörper den physischen Körper durchdringt und sich innerhalb und außerhalb von diesem befindet, so durchdringt auch die Essenz der Seele den physischen Körper und ist gleichzeitig außerhalb von ihm. Das ist der Grund, weshalb der physische Körper sich tatsächlich innerhalb der Seele befindet und nicht die Seele innerhalb des Körpers. Der physische Körper ist wie ein Schwamm. Gibt man diesen in eine mit Wasser gefüllte Badewanne, so ist das Wasser sowohl außerhalb als auch innerhalb des Schwamms. Mit anderen Worten: Der Schwamm befindet sich im Wasser. Der physische Körper, der Energiekörper, der Astralkörper und der untere Mentalkörper befinden sich innerhalb der inkarnierten Seele. Des-

---

4 Aus: Innere Lehren des Hinduismus enthüllt von Master Choa Kok Sui

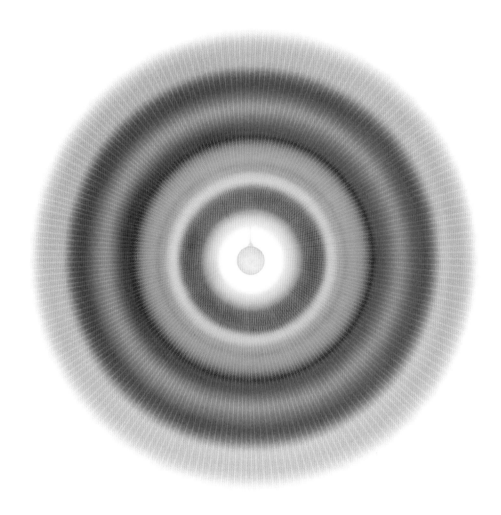

Abb. 15.1: *Zwölftes Chakra. Die inkarnierte Seele sitzt im zwölften Chakra, ein Fuß (30cm) über dem Kopf. Das aktivierte zwölfte Chakra sieht aus wie eine goldene Knospe oder goldene Flamme. Im Christentum wird dies das Pfingsfeuer genannt.*

Abb. 15.2: Das zwölfte Chakra eines gewöhnlichen Menschen, hellsichtig als ein Lichtpunkt wahrgenommen.

Abb. 15.3: *Das zwölfte Chakra als goldener Flammenball, 30 cm über dem Kopf eines buddhistischen Mönches.*

*Abb. 15.4: Wenn das Kronenchakra hoch aktiviert ist, erzeugt die Drehung der gol-
denen Energie im und gegen den Uhrzeigersinn das Bild einer goldenen Lotosblüte auf
dem Kronenchakra. Die Aufwärtsbewegung des goldenen Lichtes erzeugt die goldene
Flamme über dem Kopf. Diese goldene Flamme wird durch den gelben Hut der tibetischen Lamas symbolisiert, sowie durch die Mitra des Papstes und der Kardinäle. Das
aktivierte zwölfte Chakra sieht aus wie ein goldener Ball oder eine kleine goldene Flamme und wird im Christentum das Pfingstfeuer genannt.*

Abb. 15.5: *Das Pfingstfeuer, welches das aktivierte zwölfte Chakra der Jünger ist, dargestellt auf einem Mosaik in der Kathedrale Basilika von St. Louis, Missouri.*

Abb. 15.6: *Die Mitra des Papstes symbolisiert die goldene Flamme des aktivierten Kronenchakras.*

Abb. 15.7: *Der gelbe Hut eines tibetischen Lama symbolisiert die goldene Flamme des aktivierten Kronenchakras.*

Abb. 15.8: Sri Venkateswara Tempel in Tirupati, Andhra Pradesh, Indien, erbaut im 12. Jahrhundert und Lord Vishnu geweiht. Die goldene Flamme auf der Spitze symbolisiert das aktivierte zwölfte Chakra.

Abb. 15.9: Sri Krishnan Tempel, Waterloo Street, Singapore, erbaut im 19. Jahrhundert. Der goldene Dom symbolisiert die goldene Flamme. Der goldene Ball symbolisiert das aktivierte zwölfte Chakra.

*Abb. 15.10: **Petersdom**, Vatikanstadt in Rom, Italien, die größte Kirche der Welt, erbaut 1564 bis 1590. Der Dom symbolisiert die goldene Flamme. Die Kugel auf der Spitze symbolisiert das Pfingstfeuer, welches das aktivierte zwölfte Chakra darstellt.*

Abb. 15.11: Kathedrale Christus des Erlösers in Moskau, Russland, die größte Kirche in Russland, erbaut 1839 bis 1881. Der Dom symbolisiert die goldene Flamme. Die Kugel auf der Spitze symbolisiert das Pfingstfeuer, welches das aktivierte zwölfte Chakra darstellt. Ähnliche Bauten gibt es in Bayern und Österreich.

*Abb. 15.12: **Phra Sri Rantana Chedi** im Großen Palast, Bangkok, Thailand, erbaut 1782. Die pyramidale Form des Chedi symbolisiert die goldene Flamme. Der goldene Ball auf der Spitze symbolisiert das aktivierte zwölfte Chakra (digital vergrößert).*

Abb. 15.13: *Schrein des Ezekiel* *(Dhu-l-Kifl), Kifl, Irak. Dieser Schrein wurde vor min-*
destens 800 Jahren als Grabmal des Propheten Ezekiel errichtet, der 600 v.Chr. lebte, und
wurde von Benjamin von Talmud, einem Reisenden des 12. Jhdts. in seinen Tagebüchern
erwähnt. Er wurde beschrieben als ein Ort, der sowohl von jüdischen als auch musli-
mischen Pilgern verehrt wird. Der Flammen-ähnliche Turm symbolisiert die goldene
Flamme. Unter jüdischer Vormundschaft wurde die Spitze des Turms mit einer kleinen
Flamme bestückt, unter muslimischer mit drei Kugeln. Die kleine Flamme oder Kugel
symbolisiert das aktivierte zwölfte Chakra.

Abb. 15.14: Felsendom oder **Qubbat as-Sakrah**, *Tempelberg, Jerusalem. Historiker sind sich einig, dass diese berühmte islamische Moschee vom neunten Kalifen, Abd al-Malik, zwischen 687 und 691 erbaut wurde. Sie ist bedeutsam für Muslime, Juden und Christen. Auf der Spitze der großartigen 20 Meter Durchmesser umfassenden goldenen Kuppel befinden sich drei Kugeln mit dem islamischen Halbmond an der Spitze. In alter Zeit war dieser Halbmond ein Symbol für Frieden. Die Kuppel sitzt auf einem oktagonalen, 35 m hohen Turm, in dessen Mitte sich ein Felsen befindet. In der jüdischen Überlieferung ist dieser Felsen der Ort, an dem Abraham beinahe seinen Sohn Isaak opferte und Jakob die Himmelsleiter sah. In der islamischen Überlieferung soll dieser Felsen der Ort von Mohammeds Himmelfahrt nach seiner nächtlichen Reise gewesen sein. Während der Kreuzzüge nutzten die Tempelritter den Felsendom als ihr spirituelles Hauptquartier, weil er sich auf dem Gelände des antiken Tempels von Jerusalem befindet.*

Abb. 15.15: ***Baitul Ihsan Moschee****, Jakarta, Indonesien. Diese Moschee ist eine der größten in Indonesien. Sie gehört der Bank von Indonesien und befindet sich auf deren Gelände im Zentrum Jakartas. Der Dom symbolisiert die goldene Flamme. Die Kugel auf der Spitze symbolisiert das aktivierte zwölfte Chakra.*

halb könnte man den Menschen eher und korrekter als eine Seele mit einem physischen Körper definieren, statt als physischen Körper mit einer Seele. Um dies noch deutlicher zu machen: Ein menschliches Wesen ist eine Seele mit einem physischen und anderen feinstofflichen Körpern.

Mit niederen hellsichtigen Fähigkeiten betrachtet, erscheint die Seele als flüssige spirituelle Energie. Mit höherer Hellsichtigkeit gesehen aber strahlt die Seele mit einem bestimmten Radius in den Raum hinein und ist innerhalb dieses Raums allgegenwärtig.

Die Entwicklung der Seele kann durch die Praxis der fünf Tugenden, das selbstlose Dienen, durch die sorgfältige Pflege zwischenmenschlicher Beziehungen sowie von Mutter Natur, und auch durch regelmäßige Meditation beschleunigt werden.

Diese Lehren werden nicht ohne eine gewisse Zurückhaltung preisgegeben, denn es ist sehr wahrscheinlich, dass all diejenigen, die spirituell und mental noch nicht weit genug entwickelt sind, die Aussagen in diesem Buch als absurd betrachten werden. Doch nach Ansicht des Verfassers gibt es eine nicht unerhebliche Anzahl von Menschen, die reif genug sind, diese wertvollen Lehren zu verstehen. Für eben diese Menschen wurden diese inneren Lehren offenbart und niedergeschrieben.

16. Kapitel:
Die Ausgleichsatmung und der Caduceus

Die Ausgleichsatmung

Nach den Körperübungen ist es wichtig, dass Sie die 6-3-6-3-Wechsel- oder Ausgleichsatmung machen. Bei dieser Technik atmen Sie abwechselnd durch das rechte und das linke Nasenloch ein und aus. Sie ist sehr einfach und wird Ihren Geist innerhalb von wenigen Minuten beruhigen, wenn sie richtig ausgeführt wird. In den Yoga-Sutras von Patanjali heißt es, dass Sie Ihren Geist und Ihre Emotionen kontrollieren können, wenn Sie Ihren Atem kontrollieren. Die korrekte Technik wurde allerdings nicht beschrieben. Es gibt verschiedene wichtige Atemtechniken, doch hier soll nur auf die Ausgleichsatmung näher eingegangen werden. Andere Atemtechniken werden im Arhatic Yoga behandelt. Die Körperübungen und die Ausgleichsatmung sollten unbedingt vor der Meditation über die Seele durchgeführt werden. Sie sorgen dafür, dass 1. der physische Körper und der Energiekörper auf den großen Zustrom an feinstofflicher Energie vorbereitet werden, der durch die Meditation erzeugt wird; 2. das Bewusstsein zur Ruhe kommt, so dass die Meditation über die Seele ihre Wirkung voll entfalten kann.

Experimente, die in Indien durchgeführt wurden, zeigen, dass jemand, der diese Technik anwendet, innerhalb von wenigen Minuten in den Alpha-Zustand kommen kann. Dadurch verlangsamt sich der Pulsschlag, was für den Stressabbau sehr vorteilhaft ist. Gleichzeitig wird das Energieniveau erhöht. Wenn diese Atmung siebenmal durchgeführt wird, kann der Umfang des Energiefelds das Drei- bis Vierfache eines durchschnittlich großen

Raumes einnehmen. Wenn Sie als Pranaheiler arbeiten, können Sie die Ausgleichsatmung vor und nach der Arbeit mit Klienten anwenden.

Welches sind die Vorteile der Ausgleichsatmung? Gewöhnlich ist eine der Gehirnhälften energiegeladener als die andere. Ebenso ist normalerweise eine Seite des Körpers kräftiger als die andere. Die Ausgleichsatmung gleicht das Energieniveau der rechten und linken Hirnhälfte sowie das der rechten und linken Körperseite aus. Außerdem reinigt und energetisiert sie den gesamten Energiekörper einschließlich der Chakras und Energiekanäle.

Die Ausgleichsatmung erleichtert die Reinigung, die Energetisierung und den Ausgleich der feinstofflichen Energiekanäle: des rechten (Pingala), des linken (Ida) und des zentralen Kanals (Sushumna). (. . .) Sie bereitet den Körper auf die Erweckung der Kundalini-Energie vor, die dadurch auf wesentlich weniger Widerstände stößt und so sanft und ohne Schmerzen aufwärts fließen kann.

Wie wird die 6-3-6-3-Ausgleichsatmung durchgeführt? Rollen Sie Ihre Zungenspitze nach oben, legen Sie sie an den Gaumen und schließen Sie die Augen. Um den Luftstrom durch Ihre Nasenlöcher zu kontrollieren, schließen Sie das linke Nasenloch mit dem rechten Mittelfinger, wenn Sie durch das rechte Nasenloch einatmen. Halten Sie dann mit dem rechten Daumen das rechte Nasenloch geschlossen, wenn Sie durch das linke Nasenloch wieder ausatmen.

Nach dem Ausatmen halten Sie den Atem an und zählen bis drei. Atmen Sie dann wie beschrieben durch das rechte Nasenloch ein, während Sie bis sechs zählen, worauf Sie den Atem anhalten und wieder bis drei zählen. Atmen Sie durch das linke Nasenloch aus und zählen Sie wieder bis sechs. Halten Sie den Atem erneut an und zählen Sie bis drei. Atmen Sie dann durch das linke Nasenloch (durch das Sie gerade ausgeatmet haben) ein, wobei Sie das rechte Nasenloch mit dem rechten Daumen geschlossen halten, und zählen Sie bis sechs. Dies ist ein vollständiger Zyklus. Machen Sie fünf bis sieben dieser Zyklen.

Übertreiben Sie die Ausgleichsatmung aber nicht. Es ist ratsam, pro Übung fünf bis sieben Zyklen zu machen, und die gesamte Übung täglich maximal dreimal durchzuführen:

1.   nach dem Aufwachen
2.   vor dem Mittagessen
3.   vor dem Abendessen

Sie sollten aber darauf achten, ob Ihr Körper diesen Zuwachs an Energie auch verträgt. Wenn nicht, dann praktizieren Sie die Ausgleichsatmung nur zweimal am Tag: einmal nach dem Aufwachen und einmal vor dem Abendessen. Sollte Ihr Körper immer noch nicht imstande sein, mit der Energie umzugehen, machen Sie die Übung nur einmal täglich. Es ist sehr ratsam, diese Atemübung nicht zu oft zu machen. Die nachteiligen Wirkungen zeigen sich vielleicht nicht sofort, sondern erst ein paar Tage später. Wenn Sie die Ausgleichsatmung aber übertreiben, kann dies zum Kundalini-Syndrom führen, was sich in körperlichen und geistigen Störungen äußert. Ein Kundalini-Syndrom ist normalerweise äußerst schwer zu behandeln, es sei denn, man hat das Glück, einen erfahrenen und kraftvollen Pranaheiler zu kennen.

Der Caduceus

Wenn Sie die 6-3-6-3-Ausgleichsatmung anwenden, findet in Ihrem Körper eine dreifache Energiebewegung statt, die wie ein Caduceus aussieht.

Der Caduceus ist das Symbol aller medizinischen Berufe. Es ist der Stab des Merkur mit zwei ineinander verwundenen Schlangen. Oben auf dem Stab befindet sich ein Konus mit zwei Flügeln. Dieses Symbol wird auch von den Verehrern des Gottes Shiva benutzt.

Der Caduceus steht symbolisch für die drei Energiekanäle. Der Stab symbolisiert den zentralen Kanal, im Sanskrit Sushumna-Nadi genannt. Die beiden Schlangen symbolisieren die beiden anderen Energiekanäle. Ein Energiekanal beginnt unten am zentralen Meridian, bewegt sich spiralförmig linksdrehend aufwärts bis zur rechten Kopfseite, wo er im Kronenzentrum endet. Von dort erstreckt sich ein Energiekanal abwärts zum rechten Nasenloch. Dieser Energiekanal wird Pingala-Nadi genannt und ist ein Yang-Meridian. Seine Energie ist warm. Der andere Energiekanal beginnt ebenfalls unten am zentralen Meridian, bewegt sich aber spiralförmig rechtsdrehend aufwärts bis zur linken Kopfseite und endet ebenfalls im Kronenzentrum. Von dort erstreckt er sich abwärts bis zum linken Nasenloch. Dieser Energiekanal wird Ida-Nadi genannt und ist ein Yin-Meridian mit kühlender Energie.

Aus zweidimensionaler Sicht scheinen sich Ida und Pingala mehrmals zu überschneiden. Doch es gibt nur zwei Punkte, an denen sie das tatsächlich tun: jeweils am zentralen Meridian, einmal ganz unten und einmal ganz oben. An anderen Punkten begegnen sie sich zwar, aber sie überschneiden sich nicht.

An der Spitze des Stabes ist ein kleiner Konus, der die Epiphyse symbolisiert, genau dort, wo sich die blaue Perle oder der Same des Bewusstseins befindet. Die Flügel symbolisieren die Fähigkeit des Bewusstseins, den Körper zu verlassen.

Abb. 16.1: *Der Caduceus*

Die Ausgleichsatmung erleichtert die Reinigung, die Energetisierung und den Ausgleich der feinstofflichen Energiekanäle: des rechten (Pingala), des linken (Ida) und des zentralen Kanals (Sushumna). Durch die Anwendung dieser Atemtechnik werden diese drei Kanäle gereinigt. Sie bereitet den Körper auf die Erweckung der Kundalini Energie vor, die dadurch auf wesentlich weniger Widerstände stößt und so ohne Schmerzen aufwärts fließen kann. Warum muss die Kundalini-Energie erweckt werden? Damit das Gehirn imstande ist, die spirituellen Erfahrungen, die sich in der Meditation einstellen, wahrzunehmen. Ohne die Kundalini-Energie ist das Gehirn nicht in der Lage, spirituelle Impulse wahrzunehmen.

17. Kapitel:
Meditation über die blaue Perle
(Meditation über die Seele)

Die Meditation über die blaue Perle, auch Meditation über die Seele genannt, ist eine Standardtechnik, die von verschiedenen Meistern unterschiedlicher esoterischer Schulen bei der Ausbildung ihrer Schüler verwendet wird. Sie ist sehr wirkungsvoll. Die Essenz dieser spirituellen Praxis ist die Konzentration und Meditation (im Sinne des ausgedehnten Gewahrseins) auf den Samen des Bewusstseins bzw. die blaue Perle in der Mitte des Kopfes, um letztendlich eins zu werden mit der Höheren Seele. Wenn diese göttliche Vereinigung erst einmal erreicht ist, hat man Zugang zu den inneren Welten.

Die Meditation über die blaue Perle oder über die Seele wird im esoterischen Buddhismus, im esoterischen Christentum und in einigen Sufi-Gruppierungen praktiziert. Sie findet sich auch in einigen taoistischen Praktiken. In Indien wird diese Meditation Raja-Yoga genannt. In der Vergangenheit war die Lehre dieser Technik nicht allzu verbreitet, und sie wurde nur wenigen Schülern offenbart.

Vorgehensweise

1. Körperübungen und Ausgleichsatmung

Machen Sie fünf bis zehn Minuten lang Körperübungen, am besten die in Kapitel 11 angeführten. Machen Sie dann fünf bis sieben Zyklen der 6-3-6-3-Ausgleichsatmung. Dies bereitet den physischen Körper und den Energiekörper auf die Meditation über die Seele vor.

2. Anrufung des göttlichen Segens

Da wir in dieser Meditation mit Kräften arbeiten, die sich der menschlichen Kontrolle entziehen, ist es wichtig, den göttlichen Segen anzurufen. Schließen Sie die Augen und setzen Sie sich aufrecht hin. Legen Sie Ihre Hände entspannt in den Schoß. Sie können die folgende Anrufung verwenden:

Höchster Gott,

mein spiritueller Lehrer, all ihr spirituellen Lehrer,

heiligen Meister, all ihr großen Wesen,

heiligen Engel, spirituellen Helfer,

meine Seele, mein göttliches Selbst,

ich danke euch für euren unendlich großen Segen,

für Erleuchtung, göttliches Einssein,

göttliche Führung, Hilfe und Schutz.

Ich danke euch für die reichen Segnungen, für Gesundheit und Glück.

Ich danke euch in vollem Vertrauen.

3. Seelenaffirmation

Es ist ratsam, vor jeder Meditation diese Seelenaffirmation durchzuführen, dadurch wird die Meditation noch wirkungsvoller.

ICH BIN DAS ICH BIN.

ICH bin nicht der Körper.

ICH bin nicht das Gefühl.

ICH bin nicht der Gedanke.

ICH bin nicht der Verstand.

Der Verstand ist nur ein subtiles Werkzeug der Seele.

ICH bin die Seele.

ICH bin ein spirituelles Wesen von göttlicher Intelligenz,

göttlicher Liebe, göttlicher Macht.

ICH bin eins mit meiner Höheren Seele.

ICH bin das ICH bin.

ICH bin eins mit meinem göttlichen Funken.

ICH bin ein Kind Gottes.

ICH bin verbunden mit Gott.

ICH bin eins mit Gott.

ICH bin eins mit Allem.

4. Verbinden Sie die Zunge mit dem Gaumen.

Rollen Sie die Zunge nach oben und legen Sie sie an den Gaumen. Die Verbindung der Zunge mit dem Gaumen schließt den Energiekreislauf zwischen den vorderen und hinteren Energiekanälen der Aura und erhöht so das Energieniveau und die Intensität der Energiezirkulation.

5. Finden Sie den Samen des Bewusstseins.

Stellen Sie sich eine Linie von der oberen Spitze Ihres rechten Ohrs zur oberen Spitze des linken Ohrs vor. Stellen Sie sich ebenso eine Linie vor, die von der Mitte zwischen Ihren Augenbrauen zu Ihrem Hinterkopf verläuft. Im Schnittpunkt dieser beiden Linien liegt die Epiphyse, wo sich auch der Same des Bewusstseins oder die blaue Perle befindet. Dies ist ungefähr der Punkt, den wir suchen. Seien Sie sich des Bereichs über Ihrer Zunge, oberhalb des Gaumens, bewusst. Gehen Sie im Geist ganz sanft und langsam ins Zentrum Ihres Kopfes, zu dem Schnittpunkt der beiden imaginären Linien. Finden Sie den Ort, an dem Sie inneren Frieden, innere Stille und göttliche Glückseligkeit spüren. Setzen Sie dazu nicht zuviel Willenskraft ein. Konzentrieren Sie sich nicht zu sehr. Entspannen Sie sich einfach. Es besteht kein Grund zur Eile. Erforschen Sie einfach behutsam diesen Bereich, bis Sie den Punkt finden. Wenn Sie ihn gefunden haben, werden Sie ganz von selbst innere Stille, inneren Frieden und göttliche Glückseligkeit spüren. Lassen Sie sich Zeit.

6. Meditieren Sie über die Stille, den Frieden und die Glückseligkeit.

Seien Sie sich mit behutsamer Konzentration dieses inneren Friedens, der Stille und der göttlichen Glückseligkeit bewusst. Fahren Sie mit Ihrer Meditation fort. Versuchen Sie nichts zu erzwingen. Bleiben Sie achtsam, aber gleichzeitig fokussiert. In der Stille verschmelzen Sie schließlich mit Ihrer Höheren Seele. Machen Sie dies etwa zwei bis drei Minuten lang.

7. Meditieren Sie über die goldene Flamme.

Stellen Sie sich dort, wo der innere Frieden, die Stille und die Glückseligkeit zu spüren sind, gleichzeitig eine goldene Flamme vor. Warum eine goldene Flamme? Weil dies Ihre Empfindsamkeit erhöht und Sie in die Lage versetzt, das Einssein schneller zu erfahren. Schauen Sie auf die goldene Flamme. Konzentrieren Sie sich behutsam auf sie und seien Sie ihrer gewahr. Seien Sie sich gleichzeitig des inneren Friedens, der inneren Glückseligkeit und Stille bewusst. Lassen Sie los. Lassen Sie einfach geschehen, was kommt. Machen Sie dies für etwa zwei bis drei Minuten.

Innerhalb der goldenen Flamme ist die blaue Perle. Versuchen Sie nicht, diese zu visualisieren. Irgendwann wird sie von selbst vor Ihrem inneren Auge erscheinen. Dies kann Monate oder Jahre dauern, meistens viele Jahre.

Sollte das goldene Licht seine Farbe zu Dunkel- oder Hellviolett, Indigoblau oder zu einer anderen Farbe wechseln, so ist das völlig in Ordnung. Versuchen Sie nicht, die Farbe willentlich zu verändern. Es existieren viele Farben nebeneinander im selben Raum. Halten Sie also nicht an einer einzigen Farbe fest. Gehen Sie mit dem Fluß und lassen Sie los.

8. Singen Sie im Geist das Mantra OM.

Wenn Sie das Einssein noch nicht gespürt haben, konzentrieren Sie sich sanft auf die goldene Flamme und singen Sie gleichzeitig im Geist das Mantra OM. Achten Sie auf die Pause zwischen zwei OMs. Zwischen den OMs ist die innere Stille, der innere Frieden und göttliche Glückseligkeit. Machen Sie dies für etwa zwei bis drei Minuten.

„Oooommm ... Oooommm ... Oooommm .. .
Oooommm ... Oooommm ... Oooommm .. .
Oooommm ... Oooommm ... Oooommm ... „

9. Meditieren Sie über die innere Stille.

Wenn sich Ihr Bewusstsein bereits erweitert hat, übergehen Sie einfach die folgenden Anweisungen. Sollte sich Ihr Bewusstsein hingegen noch nicht erweitert haben, lassen Sie das Mantra OM und die goldene Flamme. Singen Sie das Mantra nicht länger und hören Sie auf, die goldene Flamme zu visualisieren. Bleiben Sie einfach sanft fokussiert und achten Sie auf die innere Stille, den inneren Frieden und die göttliche Glückseligkeit und lassen Sie einfach los. Machen Sie dies für etwa zwei bis drei Minuten. Wenn Sie über die Stille meditieren, erreichen Sie schließlich das Yoga – das Einssein mit der Höheren Seele.

10. Setzen Sie die überschüssige Energie durch Segnung frei.

Kehren Sie sanft zu Ihrem Körper zurück und bewegen Sie die Finger. Heben Sie nach der Meditation Ihre Hände hoch mit den Handflächen nach vorn. Stellen Sie sich vor sich eine kleine Erde vor. Setzen Sie die überschüssige Energie frei, indem Sie die ganze Erde segnen:

Die ganze Erde sei mit göttlichem Licht,
göttlicher Liebe und göttlicher Kraft gesegnet.

Mögen alle Menschen, alle Wesen mit Glück, Gesundheit,
Erfolg, Überfluss und Erleuchtung gesegnet sein.
Alle seien gesegnet.

11. Setzen Sie überschüssige Energie durch Verwurzelung frei.

Seien Sie sich Ihrer Füße oder des unteren Endes Ihrer Wirbelsäule bewusst. Segnen Sie die Erde behutsam, entweder durch Ihre Füße oder durch das untere Ende Ihrer Wirbelsäule. Stellen Sie sich vor, wie Licht ungefähr drei Meter tief unter Ihnen in die Erde fließt. Segnen Sie die Erde, indem Sie sagen:

Gesegnet sei Mutter Erde
mit göttlichem Licht, göttlicher Liebe und Kraft.
Mutter Erde sei neu belebt und gestärkt.
Gesegnet sei unsere geliebte Mutter Erde.
Ich bin mit Mutter Erde verbunden.
Ich bin in Mutter Erde verwurzelt.

Es ist wichtig, sich zu erden, um bodenständig zu bleiben und im täglichen Leben zurecht zu kommen.

12. Wenden Sie verteilendes Sweeping an.

Nach dieser Meditation müssen Sie die überschüssige Energie durch Sweeping von Ihrem Kopf wegstreichen, damit Ihr Körper nicht krank wird.

a) Streichen Sie die überschüssige Energie mit beiden Händen vom Kronenchakra zur Vorderseite des Kopfes über den Rumpf zu Ihrem rechten und linken Bein aus. Machen Sie dies siebenmal.

b) Streichen Sie die überschüssige Energie mit Ihrer rechten Hand vom Kronenchakra an der linken Seite Ihres Kopfes herunter und zum linken Arm hin aus. Nehmen Sie dann Ihre linke Hand und streichen Sie die überschüssige Energie vom Kronenchakra an der rechten Seite Ihres Kopfes herunter und zum rechten Arm hin aus. Machen Sie dies siebenmal.

c) Visualisieren Sie die Rückseite Ihres Körpers und streichen Sie die überschüssige Energie vom Kronenchakra an der Rückseite des Kopfes herunter und nach unten bis zum Ende der Wirbelsäule hinab. Machen Sie dies siebenmal.

d) Sollten Sie im Kopfbereich immer noch einen Pranastau verspüren, wenden Sie weiteres Sweeping an.

13. Dankgebet
Schließen Sie die Meditation mit folgendem Dankgebet ab:
Höchster Gott,
mein spiritueller Lehrer, all ihr spirituellen Lehrer,
heiligen Meister, all ihr großen Wesen,
heiligen Engel, spirituellen Helfer,
meine Seele, mein göttliches Selbst,
ich danke euch für euren großen Segen,
in vollem Vertrauen, Danke!

Öffnen Sie langsam und sanft Ihre Augen. Entspannen Sie sich und lächeln Sie.

14. Setzen Sie verbliebene überschüssige Energie frei, indem Sie weitere Körperübungen und Massagen machen.

Es ist wichtig, den Körper nach der Meditation auszuschütteln und weitere Körperübungen zu machen. Ebenso sollten Sie einzelne Körperteile massieren, besonders den Bereich um die Leber und die Nieren. Sie können dazu die in Kapitel 11 aufgeführten Übungen und Massagen verwenden. Dies hilft, die restliche überschüssige Energie freizusetzen, verbrauchte Energie aus dem Körper auszuscheiden und so den Körper zu reinigen und zu stärken. Es erleichtert auch die Aufnahme von frischem Prana und spirituellen Energien, was zu mehr Gesundheit und Schönheit des Praktizierenden beiträgt. Massagen und Übungen nach der Meditation verringern auch die Möglichkeit von Pranastauungen in bestimmten Körperteilen. Pranastauungen könnten zu Erkrankungen führen.

Die Meditation über die Seele ist sehr wirkungsvoll. Die Essenz dieser spirituellen Praxis ist die Fokussierung und Gewahrwerdung des Samen des Bewusstseins oder auch der blaue Perle in der Mitte des Kopfes, um dadurch irgendwann eins zu werden mit der Höheren Seele.

INNERE ERFAHRUNGEN

Manche Menschen neigen zu körperlicher Steifheit, wenn sie meditieren. Körperliche Steifheit spiegelt innere Steifheit wider. Wenn Sie nicht von Ihrer inneren Steifheit ablassen, können Sie sich nicht in den Fluss begeben und Ihr Bewusstsein kann sich nicht entfalten. Deshalb müssen Sie innerlich loslassen. Erwarten Sie nichts. Folgen Sie einfach den Anweisungen und schreiben Sie nach der Meditation Ihre inneren Erfahrungen nieder. Vielleicht geschieht zunächst eine Weile lang gar nichts. Dann plötzlich, vielleicht nach einem halben oder einem Jahr, vielleicht auch erst nach zwei oder drei Jahren, erleben Sie Samadhi (die Erleuchtung). Wie lange dauert es, bis Weizen zur Reife gelangt? Wenn es ganz schnell geht, zwei bis drei Monate. Genauso können Sie nach zwei oder drei Jahren ständiger Praxis innere Erfahrungen machen. Doch darauf zu bestehen, diese Erfahrungen schnellstmöglich zu machen, ist so, als ob Sie den Weizen dazu bringen wollten, schneller zu wachsen, indem Sie an den Halmen ziehen. Statt zu wachsen, wird der Weizen dadurch absterben.

Wenn Sie Ihre inneren Erfahrungen niederschreiben, hilft Ihnen dies, sich ihrer bewusster zu werden. Sie werden sich dann an bestimmte Dinge erinnern, die Sie vielleicht schon vergessen hatten. Und es wird einfacher für Sie, dieselbe Erfahrung zu wiederholen.

Innerhalb der goldenen Flamme ist die blaue Perle. Versuchen Sie nicht, diese zu visualisieren. Irgendwann wird sie von selbst vor Ihrem inneren Auge erscheinen. Nach vielen Jahren des Übens kann es passieren, dass der Schüler die blaue Perle vor seinem inneren Auge sieht.

Er wird vielleicht in die blaue Perle hineingezogen und in die innere Welt eintreten, welche er als blau wahrnimmt. Oder er wird in die blaue Perle hineingezogen, dann durch einen Lichttunnel reisen und in eine Welt aus Licht eintreten. Es kann auch geschehen, dass der Meditierende die blaue Perle sieht und dann eine Explosion von strahlendem weißem Licht erlebt. Während sich sein Bewusstsein in das innere Universum ausdehnt, gleichzeitig in alle Richtungen, erfährt er Einssein und intensive Glückseligkeit. Hierbei handelt es sich nicht um Einbildung, denn die menschliche Einbildungskraft ist zu derartigen Erfahrungen nicht fähig.

Innere spirituelle Erfahrungen sind keine Garantie dafür, dass der Schüler oder spirituelle Aspirant nicht letzten Endes spirituell scheitert. Tatsächlich sind viele Aspiranten spirituell gescheitert, obwohl sie eine Reihe von inneren Erfahrungen gemacht haben. Der einzige Weg, spirituelles Scheitern zu vermeiden besteht darin, die Tugenden zu praktizieren und zu meistern, und immer wieder um den Segen Gottes und des Satguru, des einen, ständigen spirituellen Lehrers, zu bitten. Nur hierdurch kann ein spirituelles Scheitern vermieden oder erheblich minimiert werden.

Diese spirituellen Erfahrungen des Aspiranten sind tatsächlich nur die ersten Schritte, bis er dahin gelangt, sich nach und nach sicher in der inneren Welt zu bewegen. Allein mit diesen ersten inneren Erfahrungen ist ein Schüler noch nicht erleuchtet. Er ist vergleichbar mit einem Neugeborenen, welches noch einen langen Entwicklungsweg vor sich hat. Stolz muss auf jeden Fall vermieden werden, sonst bleibt ein spirituelles Scheitern unausweichlich.

Manche Menschen haben das Gefühl, herumgewirbelt zu werden oder sich im Kreis zu drehen. Wenn Sie diese Erfahrung machen, lassen Sie einfach los. Das Kronenchakra rotiert, und manche sind für diese Bewegung empfindsamer als andere. Wenn Sie also das Gefühl haben, herumgewirbelt zu werden oder zu explodieren, dann lassen Sie diese innere Erfahrung einfach fließen.

Es kann auch passieren, dass Sie während der Meditation ein Nichts oder vollständige Dunkelheit erleben. In der Meditation Dunkelheit zu sehen, ist ebenfalls eine gute Erfahrung. Sie weist auf einen fortgeschrittenen Bewusstseinszustand hin. Bitten Sie einfach um göttlichen Segen auf Ihrem Weg durch die Dunkelheit. Vor dem Licht ist Dunkelheit. Genauer betrachtet, gibt es tatsächlich eine „Aufeinanderfolge" von Licht und Dunkelheit. Das dunkle Nichts ist ein Übergangsstadium bevor man die Lichtexplosion erlebt. Die innere Welt besteht aus verschiedenen Lichtwelten mit unterschiedlicher Intensität. Innerhalb dieser Lichtwelten, die keine Gestalt haben, gibt es große Zivilisationen.

Innerhalb des göttlichen Lichts ohne Gestalt gibt es dennoch Form und innerhalb der Form ist das göttliche Licht, welches keine Form oder Gestalt hat. Innerhalb des Lichts kann der Schüler bei näherem Hinsehen sehr große und erhabene spirituelle Wesen erkennen, die dafür sorgen, dass das Sonnensystem und die Galaxien mit enormer Präzision funktionieren.

Das dunkle Nichts ist ein Übergangsstadium bevor man die Licht-explosion erlebt.

Einige Yogis brauchen mehrere Jahre, bevor sie die Erfahrung machen können, mit dem Licht zu verschmelzen. Andere Menschen erreichen nie das Ende des Lichts in einer einzigen Inkarnation, doch in der Meditation Fortgeschrittene sind imstande, über das Licht hinauszugelangen. Ohne göttlichen Segen kann es passieren, dass ein Schüler viele Monate oder Jahre im dunklen Nichts stecken bleibt.

Jeder Mensch ist anders. Manche sind spirituell schon sehr alt, andere noch jung. Manche haben schon über viele Inkarnationen hinweg meditiert. Üben Sie einfach regelmäßig weiter, und in ein oder zwei Jahren sollten sich innere Erfahrungen einstellen.

AUSGLEICH ZWISCHEN DER MEDITATION ÜBER ZWEI HERZEN UND DER MEDITATION ÜBER DIE BLAUE PERLE

Es gibt viele verschiedene Arten der Meditation. Die meisten davon sind gut. Die Meditation über zwei Herzen bezeichnet man als „Bhakti-Yoga" – das Erlangen der Erleuchtung durch Liebe. Die Meditation über die blaue Perle oder über die Seele wird als „Raja-Yoga" oder „Königliches Yoga" bezeichnet, bei der sich stete, sanfte Willenskraft mit Gewahrsein oder Achtsamkeit verbindet. Der Unterschied zwischen den beiden Meditationen besteht darin, dass bei der Meditation über zwei Herzen die Erfahrung der Bewusstseinserweiterung begleitet ist vom Verlassen des Körpers. Die Meditation über die blaue Perle hingegen ermöglicht eine Erweiterung des Bewusstseins ohne den Körper zu verlassen.

Wenn Sie die Meditation über die Seele, nicht aber die Meditation über zwei Herzen praktizieren, kann es passieren, dass Sie im Umgang mit anderen Menschen sehr ernst und streng werden. Andere werden Sie für zu hart und unbeweglich halten, ohne Sanftmut, Milde und Mitgefühl, und werden Sie möglicherweise meiden. Wenn Sie andererseits zu viel Bhakti haben und zu sanft sind, werden andere sie womöglich wie einen Fußabtreter behandeln und Ihnen überhaupt keinen Respekt mehr entgegenbringen. Wenn Sie zu Ihren Kindern allzu liebevoll und nachgiebig sind, verhätscheln Sie sie, und Ihre Kinder werden später zu einer Belastung für die ganze Gesellschaft. Wenn Sie andererseits zu streng mit ihnen sind, werden sie sich gegen Sie auflehnen. Sie müssen also die Balance zwischen Liebe und Strenge finden. Um das zu erreichen, sollten Sie sowohl die Meditation über zwei Herzen als auch die Meditation über die Seele praktizieren. Beide ergänzen sich gegenseitig.

Sie können beide Meditationen im Wechsel praktizieren: An einem Tag machen Sie die Meditation über die blaue Perle, am nächsten die Meditation über zwei Herzen, am darauf folgenden Tag wieder die Meditation über die blaue Perle usw., immer abwechselnd.

WARNUNG

Die Warnung, die zur Ausübung der Meditation über zwei Herzen ausgesprochen wurde, gilt auch für die Meditation über die blaue Perle. Der Unterschied ist hier, dass die Energie, die durch die Meditation über die Seele erzeugt wird, um vieles stärker ist, als bei der Meditation über zwei Herzen. Dies kann Ihre psychischen oder körperlichen Probleme und Beschwerden verstärken oder verschlimmern. Wenn Sie nicht wirklich in guter körperlicher und psychischer Verfassung sind, sollten Sie die Meditation über die Seele nicht jeden Tag praktizieren. Machen Sie sie vielleicht einmal pro Woche. An den anderen Tagen können Sie die Meditation über zwei Herzen durchführen, die auch zur Selbstheilung verwendet werden kann.

Ausgenommen von dieser Regel sind unheilbar kranke Menschen. Für sie ist es ratsam, die Meditation über die blaue Perle durchzuführen, um sich auf den Tod als eine Möglichkeit zur spirituellen Befreiung vorzubereiten. Das schmerzhafte Verbleiben im physischen Körper kann sich auf diese Weise verkürzen und damit auch das körperliche Leiden.

Schwangere sollten bei der Ausübung der Meditation über die blaue Perle vorsichtig sein, da die durch diese Meditation erzeugte Energie sehr stark ist. Sie könnten versuchen, die Meditation über die Seele und die Meditation über zwei Herzen je einmal pro Woche zu machen, am besten mit einer Pause von drei bis vier Tagen zwischen beiden. Sollten sie dabei irgendwelche Schmerzen oder Unbehagen verspüren, muss die Meditation sofort abgebrochen werden. Schwangere, die bereits eine Fehlgeburt hatten, sollten diese Meditation meiden.

18. KAPITEL: DIE FÜNF TUGENDEN

Wenn Sie meditieren, müssen Sie Yama und Nyama oder Charakterbildung betreiben. Tun Sie dies nicht, so könnte es passieren, dass aus Ihnen ein schlechter Mensch wird. Warum? Nun, wenn Sie eine gute Meditation hatten, fühlen Sie sich froh und glückselig, richtig? Aber haben Sie nicht schon einmal die Erfahrung gemacht, dass Sie sich zwei oder drei Tage später verärgert oder schlecht gelaunt fühlten? Meditation wirkt wie Dünger. Sie sind das Feld. Wenn Sie den Dünger auf das Feld ausbringen, wächst alles, was sich als Saat im Boden befindet – ganz gleich, ob gut oder schlecht. Alles, Tugend wie auch Laster, wird verstärkt. Wenn ein Mensch, der auf dem spitituellen Weg ist, keine Charakterbildung betreibt, kann er oder sie zu einem schlechteren Menschen werden.

Hat jemand seine Tugenden voll entwickelt, so bedeutet dies, dass die Höhere Seele in engem, starkem Kontakt mit dem Körper und der inkarnierten Seele steht und Kontrolle über sie ausübt. Das ist gemeint mit der Redewendung, der Heilige Geist sei herabgestiegen und hier geblieben. Während des Gebets oder der Meditation wird die spirituelle Schnur stärker. Wenn man arbeitet, nimmt die Stärke gewöhnlich wieder extrem ab. Das bedeutet, dass der spirituelle Aufstieg nur vorübergehend ist. Wenn Sie das Richtige tun, nimmt Ihre spirituelle Schnur an Umfang zu. Jedes Mal, wenn Sie sich unheilvoller Handlungen enthalten, stärkt das Ihre Verbindung zu Ihrer Höheren Seele. Tun Sie jedoch etwas Unredliches, so wird die Verbindung geschwächt.

Ein Meister sagte einmal, dass Laster und Schwächen wie Schlamm seien, in dem man feststecke, wenn man versuche, die spirituelle Leiter hinaufzuklettern. Wenn Sie sich nicht reinigen und läutern, trocknet der

Schlamm ein, verhärtet sich und macht es Ihnen unmöglich, auf der Leiter weiterzukommen. Sie steigen dann vielleicht sogar nach unten. Deshalb ist es so wichtig, den eigenen Charakter zu entwickeln.

Die Seele ist ein Wesen von
1. göttlicher Intelligenz
2. göttlicher Liebe
3. göttlicher Kraft

Diese Eigenschaften manifestieren sich als die fünf Tugenden:
Die göttliche Liebe manifestiert sich als:
1. Liebevolle Güte und Nicht-Verletzen
2. Großzügigkeit und Nicht-Stehlen

Die göttliche Intelligenz manifestiert sich als:
3. Genaue Wahrnehmung, korrekter Ausdruck und Nicht-Falschsein (Ehrlichkeit und Nicht-Lügen)

Die göttliche Kraft manifestiert sich als Selbstbeherrschung oder Seelenherrschaft.
Dies unterteilt sich in zwei Tugenden:
4. Mäßigung und Nicht-Übertreiben
5. Beständigkeit von Ziel und Bemühen (Zielstrebigkeit und Fleiß) sowie Nicht-Faulsein

Diese Tugenden sind zwar nach verschiedenen Aspekten der Seele unterteilt, doch sie sind alle miteinander verbunden. Die Beherrschung einer dieser Tugenden setzt die Beherrschung der anderen voraus. Charakterschulung ist äußerst wichtig. Ohne Entfaltung der Tugenden gibt es keine spirituelle Entwicklung.

1. Liebevolle Güte und Nicht-Verletzen

Ahimsa oder auch liebevolle Güte und Nicht-Verletzen steht für die Abwesenheit von Grausamkeit und Böswilligkeit. Die Tugenden treten immer paarweise, als Yin und Yang, auf und entsprechen den Dingen, die man tun, und denen, die man unterlassen sollte. Liebevolle Güte bedeutet, Mitgefühl und Freundlichkeit zu praktizieren. Dies kann physisch oder über Worte und Gedanken zum Ausdruck gebracht werden. Sich höflich, zuvorkommend und hilfreich zu verhalten, ist ein Ausdruck liebevoller Güte. Dies drückt sich in aufbauenden und ermutigenden Worten aus. Menschen sind wie Pflanzen, die gehegt und gepflegt werden müssen, damit sie wachsen und gedeihen. Sie können zum Beispiel einem Menschen für seine Errungenschaften Anerkennung und Wertschätzung zukommen lassen. Auf diese Weise inspirieren Sie ihn, noch besser zu werden. Auf der mentalen Ebene bedeutet liebevolle Güte, andere Menschen sanft und geduldig anzuleiten. Auf der spirituellen Ebene bedeutet es, andere Menschen und empfindungsfähige Wesen zu segnen.

Vor ungefähr 100 Jahren lebte eine Lehrerin namens Annie Besant. Sie praktizierte liebevolle Güte, indem sie die Zeitungen nach Berichten über Menschen durchschaute, die in Probleme verstrickt waren und Hilfe brauchten. Mit Hilfe ihrer spirituellen Kräfte segnete sie diese Menschen, mit der Absicht, dass sich ihr Leben verbessern solle. Wenn Sie Heiler sind, können Sie dasselbe tun, indem Sie nach Menschen mit Problemen Ausschau halten und ihnen Fernheilung geben.

Nicht-Verletzen bedeutet, Gewalt zu vermeiden – sowohl körperliche als auch Gewalt in Form von Worten und Gedanken. Auf der physischen Ebene bedeutet Nicht-Verletzen „Du sollst nicht töten" oder anderen Menschen nicht aus Wut oder Böswilligkeit wehtun. Anderen Geschöpfen nicht zu schaden ist ebenfalls sehr wichtig. Manchmal ist es jedoch notwendig, einem

Tier das Leben zu nehmen, um seine Familie zu ernähren. Tiere zum Zweck der Versorgung mit Nahrung zu töten, sollte jedoch keine Grausamkeit, Böswilligkeit oder gar Freude am Leiden des Tiers beinhalten. Es sollte so schmerzlos und schnell wie möglich getan werden. Psychisches Trauma und körperlicher Schmerz sollten auf ein Minimum reduziert werden. Des Menschen Unmenschlichkeit gegenüber dem Tierreich muss so bald wie möglich ein Ende finden. Wie können wir uns selbst als menschlich bezeichnen, wenn wir mit dieser Barbarei fortfahren? Um das Leiden der Tiere so gering wie möglich zu halten, sollten wir uns die meiste Zeit vegetarisch ernähren. Das Töten von Ratten, Kakerlaken, Mücken anderen Schädlingen ist allerdings aus hygienischen Gründen statthaft.

Nicht-Verletzen mit Worten bedeutet, harte oder verletzende Worte zu vermeiden, die manchmal schwerere emotionale Schmerzen verursachen können und mehr Zeit zum Verheilen brauchen als körperliche Verletzungen. Eine körperliche Wunde braucht nur ein oder zwei Wochen, um zu verheilen. Die Heilung einer psychischen Verletzung, verursacht durch eine taktlose oder böswillige Bemerkung, kann hingegen Jahre dauern – wenn sie überhaupt je verheilt. Achten Sie deshalb darauf, dass Sie andere nicht mit Worten verletzen. Wenn Sie an jemandem Kritik üben müssen, tun Sie es mit Liebe und Sanftmut. Mit anderen Worten: Seien Sie aus dem Herzen heraus kritisch. Sie werden feststellen, dass dies viel wirkungsvoller ist, da Ihr Gegenüber viel empfänglicher für diese Art von Kritik ist.

Auf einer noch subtileren Ebene bedeutet Nicht-Verletzen das Minimieren und Abstandnehmen von innerer Verärgerung, Hass, hässlichen Gedanken, von Neid und übermäßig kritischen Gedanken. Versuchen Sie Harmlosigkeit der Gedanken zu praktizieren. Ein Mensch mag vielleicht nicht nach außen verletzend wirken, doch innerlich könnte er aufgebracht und mit gewalttätigen Gedanken erfüllt sein oder im Stillen ständig die Fehler und Schwächen anderer Menschen kritisieren – oder ihnen sogar schlechte Dinge wünschen.

Dieses Konzept des Nicht-Verletzens anderer ist überaus wichtig. Doch genauso wichtig ist es, auch sich selbst nicht zu verletzen. Wenn man raucht, im Übermaß Alkohol trinkt und sich überarbeitet, fügt man seinem Körper Schaden zu und erleidet als Folge davon vielleicht sogar einen frühen Tod. Wenn jemand eine Familie hat und früh stirbt, kann der emotionale Schaden, der dadurch beim Partner und den Kindern angerichtet wird, ungeheuer groß sein. Auch die finanziellen Belastungen, die dann auf die Familie zukommen, können enorm sein. Bevor man also weiter seinem physischen Körper durch schlechte Angewohnheiten wie Rauchen, Trinken und übermäßiges Arbeiten schadet, sollte man sich selbst fragen: „Kümmere ich mich wirklich um meine Familie? Kümmere ich mich um die Gefühle meiner Kinder für den Fall, dass mir etwas passieren sollte?" Dies sind in der Tat ernste Fragen, über die man nachdenken sollte.

Auch der Konsum illegaler Drogen ist extrem schädlich, nicht nur körperlich, sondern auch psychisch. Menschen, die unerlaubte Drogen nehmen, sollten die psychischen Auswirkungen ihres Verhaltens auf ihre Eltern, Großeltern und andere geliebte Menschen überdenken. Ist dies ein angemessenes Verhalten gegenüber denjenigen, die Ihnen geholfen und Sie unterstützt haben? Ist dies die Art und Weise, Menschen, denen Sie etwas schuldig sind, Dankbarkeit zu erweisen?

Liebevolle Güte und Nicht-Verletzen sind für harmonische zwischenmenschliche Beziehungen unabdingbar. Wenn jeder Mensch sich in diesen Tugenden üben würde, wäre die Welt ein besserer Ort.

2. GROSSZÜGIGKEIT UND NICHT-STEHLEN

Großzügigkeit bedeutet Teilen oder Geben. Auf der physischen Ebene ist es überlegtes Teilen oder Geben von Dingen oder Geld. Der Schlüssel zu Wohlstand ist Geben. Wenn Sie finanzielle Probleme haben, ist der Weg zu Wohlstand zu gelangen, die Anwendung des Gesetzes des Karmas durch die Praxis der Großzügigkeit und des Nicht-Stehlens. Wollen Sie etwas erhalten, so müssen Sie etwas geben. Wenn Sie nichts angepflanzt haben, wie können Sie dann etwas ernten? Wenn Sie keine negativen Samen gesät haben, werden Sie auch keine negativen Früchte ernten. Das Gesetz des Karmas ermöglicht Ihnen, Ihr eigenes Schicksal zu gestalten. Denken Sie einen Moment darüber nach, was Sie sich im Leben wünschen. Im Allgemeinen ist es so: Was auch immer Sie wollen, es ist das, was Sie geben sollten.

Wenn Sie reich und wohlhabend sein wollen, müssen Sie sich zunächst in Großzügigkeit und Nicht-Stehlen üben. Gleichzeitig sollten Sie Mäßigung und Nicht-Übertreiben praktizieren. Leben Sie maßvoll und im Rahmen Ihrer Mittel. Planen Sie sorgfältig Ihre Geldausgaben. Nach Abzug aller Steuern und Geben des „Zehnten" (10% als Spende für einen guten Zweck) sollten Sie 20 bis 30 Prozent dessen, was Sie verdienen, sparen. Legen Sie Ihr gespartes Geld an. Wenn Sie wohlhabende Menschen fragen, wie sie reich geworden sind, werden sie Ihnen sagen, dass sie ihr Geld gespart und angelegt haben.

Auf emotionaler Ebene können Sie großzügig sein, indem Sie sich warmherzig, aufbauend und unterstützend verhalten. Manche Menschen geben keine Liebe, erwarten aber, dass andere sie lieben. Wenn Sie Liebe erhalten wollen, müssen Sie Liebe geben. Seien Sie wie die Sonne – immerfort strahlend. Es ist die Sache der anderen, ob sie das Sonnenbad genießen wollen oder nicht. Manche werden Ihre Liebe annehmen, andere nicht. Das ist deren Problem, nicht Ihres.

Auf mentaler Ebene können Sie mit anderen Menschen, die bereit sind, etwas zu lernen, Ihr Wissen und Ihre Fertigkeiten teilen. Sie werden feststellen, dass Ihr eigenes Sachverständnis eines bestimmten Wissensgebiets umfassender wird, wenn Sie dies tun. Wenn Sie es auf einem bestimmten Gebiet zur Meisterschaft bringen wollen, bringen Sie anderen alles darüber bei, was Sie selbst bereits wissen. Geben Sie, und Sie werden erhalten. Das ist das Gesetz.

Hat jemand seine Tugenden voll entwickelt, so bedeutet dies, dass die Höhere Seele in engem, starkem Kontakt mit dem Körper und der inkarnierten Seele steht und Kontrolle über sie ausübt. Wenn Sie das Richtige tun, nimmt Ihre spirituelle Schnur an Umfang zu. Jedes Mal, wenn Sie sich unheilvoller Handlungen enthalten, stärkt das Ihre Verbindung zu Ihrer Höheren Seele. Tun Sie jedoch etwas Unredliches, so wird die Verbindung geschwächt.

Nicht-Stehlen bedeutet, dass ein Mensch nichts an sich nehmen sollte, das ihm nicht gehört. Auf der Ebene von Beziehungen sollte man nicht die Zuneigung anderer auf sich ziehen, die einem nicht zusteht, oder den Partner eines anderen begehren. Auf einer subtileren Ebene bedeutet es auch, dass man sich nicht mit falschen Lorbeeren schmücken oder Lob einheimsen sollte, das anderen gebührt. Mentale Arbeit ist genauso real wie körperliche. In vielen Fällen erfordert mentale Arbeit beträchtliche Anstrengung, Energie und Zeit. Nicht-Stehlen bezieht sich nicht nur auf körperliche Besitztümer sondern auch auf geistiges Eigentum.

3. Genaue Wahrnehmung, korrekter Ausdruck und Nicht-Falschsein

Die Seele ist ein Wesen von göttlicher Intelligenz. Diese Qualität zeigt sich in genauer Wahrnehmung, korrektem Ausdruck und Nicht-Falschsein. Genaue Wahrnehmung bedeutet, Dinge so zu sehen, wie sie sind. Korrekter Ausdruck bedeutet, folgerichtig und angemessen zu reagieren. Dies beschränkt sich nicht nur auf den verbalen Ausdruck. Korrekter Ausdruck kann sich in jeder Form äußern – physisch, mental und emotional. Eine Entscheidung zu treffen, ist eine Form des Ausdrucks. Eine Veranstaltung oder eine Firma zu organisieren und zu leiten, ist eine andere Form des Ausdrucks. Diese Tugend umfasst also ein weites Feld.

Im Rahmen der Tugend der genauen Wahrnehmung, des korrekten Ausdrucks und des Nicht-Falschseins sollten die folgenden Qualitäten entwickelt werden:

a) Ehrlichkeit und Nicht-Lügen gegenüber anderen und gegenüber sich selbst

b) Die Tugend der Ehrlichkeit und des Nicht-Lügens mit liebevoller Güte und Nicht-Verletzen in Einklang bringen

c) Die verschiedenen Ebenen und Facetten der Wahrheit sehen

d) Unterscheidungs- oder Urteilsvermögen und Nicht-Abergläubigsein

e) Demut, Dankbarkeit, Respekt und Nicht-Eingebildetsein

f) Pflichtbewusstsein und Verantwortungsgefühl

g) Geschicklichkeit im Handeln und nicht in Panik geraten

In seiner niedrigsten Form manifestieren sich genaue Wahrnehmung, korrekter Ausdruck und Nicht-Falschsein als:

a) Ehrlichkeit und Nicht-Lügen

Es gibt unterschiedliche Ebenen von Ehrlichkeit. Praktizieren Sie eine reife Form von Ehrlichkeit sich selbst und anderen gegenüber. Belügen Sie sich nicht selbst.

Wenn Sie sehr tief gehende spirituelle Lehren verinnerlichen oder einen scharfen, klaren Verstand entwickeln wollen, müssen Sie sich selbst und anderen gegenüber ehrlich sein. Dies ist sehr wichtig. Warum? Wenn ein Mensch lügt oder andere täuscht, erzeugt er das negative Karma, die Wahrnehmung anderer Menschen zu verzerren. Die Folge davon ist, dass seine eigene Wahrnehmung verzerrt wird, und er kann eine einfache Wahrheit nicht mehr als solche verstehen. Das Verstehen der Wahrheit ist unter solchen Umständen karmisch nicht zulässig. Warum ist es karmisch nicht zulässig? Weil die Person mit ihren Lügen fortfährt.

b) Die Tugend der Ehrlichkeit und des Nicht-Lügens mit liebevoller Güte und Nicht-Verletzen in Einklang bringen

Was Sie als die Wahrheit bezeichnen, ist vielleicht nur teilweise wahr, und wenn Sie diese Teilwahrheit zum Ausdruck bringen, kann das Resultat mitunter verheerend sein. Lassen Sie uns folgende Situation als Beispiel nehmen: Der Sohn einer 80 Jahre alten Mutter ist an einer Lungenentzündung als Folge von AIDS gestorben. Würden Sie der alten, kränklichen Mutter nun unverblümt sagen, dass ihr geliebter Sohn, der ein Homosexueller war, an AIDS gestorben ist? Wäre das eine reife Art von Ehrlichkeit? Nein. Warum nicht? Weil es gegen die Tugend der liebevollen Güte und des Nicht-Verletzens verstößt. Der hinterbliebenen Mutter einfach die harten Fakten zu offenbaren, würde ihr unsägliches emotionales wie auch körperliches Leid zufügen. Ein intelligenter und mitfühlender Yogi würde denken: „Wenn ich ihr das so sagen würde, würde es ihr ungeheuren Schmerz zufügen. Das wäre alles andere als liebevoll. Ich werde ihr sagen, ihr Sohn sei an einer Lungenentzündung gestorben." So kann er der Mutter immer noch die Nachricht vom Tod ihres Sohnes überbringen, ohne ihr obendrein noch unnötigen und überflüssigen emotionalen Schmerz zuzufügen. Man sollte nie auf böswillige Art und Weise ehrlich sein oder Ehrlichkeit als Instrument oder Waffe benutzen, um jemandem emotionalen Schmerz oder Verletzungen zuzufügen. Das ist ein Missbrauch der Tugend der Ehrlichkeit. Wenn es zu einem Konflikt zwischen der Tugend der Ehrlichkeit einerseits und der liebevollen Güte und des Nicht-Verletzens andererseits kommt, sollten liebevolle Güte und Nicht-Verletzen immer den Vorrang haben.

Nicht-Lügen bedeutet, dass man keine unwahren oder falschen Aussagen machen sollte, sei es aus Böswilligkeit oder mit der Absicht, sich gegenüber anderen einen Vorteil zu verschaffen.

c)   Die verschiedenen Ebenen und Facetten der Wahrheit sehen

Vermeiden Sie alle unnötigen Lügen. Das Wort „unnötig" wird hier benutzt, denn das, was Sie als Wahrheit ansehen, ist vielleicht überhaupt nicht wahr. Es ist vielleicht nur eine Halbwahrheit. Manchmal können Halb- oder Teilwahrheiten äußerst verletzend und gefährlich sein. Man sollte also sehr vorsichtig sein. Es gibt verschiedene Ebenen der Wahrheit und auf diesen verschiedenen Ebenen wiederum unterschiedliche Facetten. Ein Beispiel: Nehmen wir an, Kreis A sei die erste Ebene der Wahrheit. Im Philippinischen nennen wir dies Tama. Kreis B, der Kreis A beinhaltet, ist eine höhere Ebene der Wahrheit und wird Wasto genannt. Und dann haben wir Kreis C, der die Kreise A und B umschließt. Dies entspricht der höchsten Ebene der Wahrheit. Sie wird im Philippinischen Tumpak genannt. Doch die Wahrheit ist nicht allein auf drei Ebenen beschränkt. Es könnte viele Ebenen der Wahrheit geben.

Die Wahrheit ist etwas Dynamisches, sie ist nicht statisch. Wie Sie sehen, ist dieses Thema recht verwickelt. Nicht nur, dass wir es mit verschiedenen Ebenen der Wahrheit zu tun haben. Es gibt auch verschiedene Möglichkeiten, die Wahrheit zu betrachten. Die Wahrheit ist wie ein Juwel: sie hat viele Facetten. Auf jeder Ebene der Wahrheit gibt es mindestens sieben verschiedene Möglichkeiten, diese zu betrachten. Dies in allen Einzelheiten zu erklären, würde ein ganzes Kapitel oder sogar ein Buch für sich selbst beanspruchen, deshalb müssen wir hier darauf verzichten.

Wahrheit ist mehr als nur korrekte Information. Wahrheit beinhaltet die Fähigkeit, die verschiedenen Aspekte und Ebenen eines bestimmten Ereignisses oder Sachverhaltes zu erkennen und entsprechend zu handeln – angemessen und liebevoll. Genaue Wahrnehmung muss immer ausgewogen sein. Fanatische Standpunkte oder Einstellungen sind äußerst gefährlich und gewöhnlich sehr verletzend. Sie sollten daher vermieden werden.

d) Unterscheidungs- oder Urteilsvermögen und Nicht-Abergläubigsein

Wenn man sich mit einer bestimmten Sache beschäftigt, ist es sehr wichtig, Unterscheidungs- oder Urteilsvermögen zu üben. Man sollte nicht einfach unbesehen alles schlucken, was einem in den Weg kommt, nur weil es ein Guru oder sonst wer gesagt hat oder weil es irgendwo geschrieben steht. Alles kritiklos und unbesehen aufzunehmen, was man hört oder sieht, wäre verheerend. Es ist wichtig, ein Thema gründlich zu studieren, abzuwägen, ob es Sinn macht und auch damit zu experimentieren. Aufgrund der Ergebnisse dieser Experimente sowie der eigenen Überlegungen und Erfahrungen kann man dann entscheiden, ob die Informationen korrekt, nur teilweise korrekt oder völlig unkorrekt sind.

Gautama Siddharta, der Große Buddha, sagte einmal:

„Wir dürfen nicht an etwas glauben, nur weil es uns gesagt wurde. Wir dürfen Bräuche nicht einfach nur deshalb übernehmen, weil sie uns aus Vorzeiten überliefert wurden. Wir dürfen nicht Gerüchte als solches glauben oder heiligen Schriften, nur weil sie von Heiligen geschrieben wurden. Auch sollten wir nicht irgendwelchen Fantasien nachgehen, von denen wir annehmen, dass sie uns von geistigen Wesenheiten eingegeben wurden (mutmaßliche spirituelle Eingebungen). Auch sollten wir keine voreiligen Schlüsse aus willkürlichen Mutmassungen oder anscheinend analogen Notwendigkeiten ziehen. Wir sollten uns außerdem nicht einfach nur auf die Autorität unserer Lehrer und Meister berufen. Doch wenn die Schrift, Lehre oder Aussage durch unser eigenes Bewusstsein und unsere Vernunft bestätigt wird, dann sollten wir ihr Glauben schenken. Daher ... habe ich euch gelehrt, etwas nicht nur zu glauben, weil ihr davon gehört habt, sondern es dann zu glauben, wenn es mit eurem Bewusstsein in Einklang steht. Dann aber solltet ihr umfassend danach handeln."

Man sollte jeglichen Aberglauben vermeiden, nicht nur auf dem Gebiet der Esoterik, sondern auf jedem Wissensgebiet. Alles muss soweit wie möglich hinterfragt und überprüft werden. In Bereichen, wo es nicht möglich ist, die Stichhaltigkeit einer bestimmten These zu überprüfen, kann man diese vorübergehend, – so lange, bis man in der Lage ist, sie endgültig zu beurteilen – als eine „zeitweilige" Wahrheit betrachten, vorausgesetzt, dass sie von jemandem vorgestellt wurde, dessen bisherige Aussagen sich bewahrheitet haben.

Die Entwicklung von Unterscheidungs- und Urteilsvermögen ist äußerst wichtig. Man muss imstande sein, zu unterscheiden, was wahr und was unwahr ist, was von Dauer und was vorübergehend ist, was wichtig und was unwichtig ist. Wenn man diese Tugend nicht zu einem hohen Maß entwickelt, geht die spirituelle Entwicklung nur langsam voran.

e) Demut, Dankbarkeit, Respekt und Nicht-Eingebildetsein

Im Umgang mit einem spirituellen Lehrer sollte man Demut üben und nicht eingebildet sein. Demut entspringt der Selbstachtung. Sie erwächst aus dem Erkennen der eigenen Stärken und guten Seiten, ebenso wie der eigenen Schwächen und Unzulänglichkeiten. Menschen mit einem hohen Maß an Selbstachtung sind meistens sehr bescheiden. Menschen mit wenig Selbstwertgefühl hingegen neigen dazu, sehr eingebildet zu sein. Im Umgang mit dem spirituellen Guru oder Lehrer sollte man demütig sein; sonst ist es unmöglich, etwas zu lernen. Der Lehrer wird einem solchen Schüler nichts beibringen können.

Der Schüler sollte seinem Lehrer Respekt und Dankbarkeit erweisen, weil sein spiritueller Fortschritt ohne den Lehrer nur sehr langsam vorangehen würde. Der Schüler steht bei seinem Lehrer in einer außerordentlich großen spirituellen Schuld, die nur sehr schwer zu begleichen ist. Ein Schüler sollte seinem Lehrer oder Guru mit äußerster Dankbarkeit und Respekt begegnen, weil er von ihm unendlich viel Gutes und unermessliche Segnungen erhält und immer erhalten wird. Trotz aller Demut und Dankbarkeit, trotz allen Respekts sollte der Schüler die Lehren seines Meisters mit gesundem Urteilsvermögen und Objektivität aufnehmen. Seine Lehren und Anweisungen können und sollten hinterfragt werden, doch sollte dies mit Respekt und Höflichkeit geschehen, nicht auf eine rüde oder ungehobelte Art und Weise. Ein Schüler hat das Recht, Fragen zu stellen und sein Urteilsvermögen einzusetzen, aber nicht das Recht, respektlos oder grob zu sein.

f) Pflichtbewusstsein und Verantwortungsgefühl

Bevor man eine Verpflichtung eingeht, sollte man die Situation sehr gründlich betrachten und sich klar darüber werden, ob man in der Lage ist, dieser Verpflichtung auch wirklich nachzukommen. Wenn nicht, sollte man keine Versprechen abgeben oder Verpflichtungen eingehen. Wenn man jedoch einmal etwas versprochen oder sich zu etwas verpflichtet hat, sollte man dies so gut wie möglich einhalten. Wenn man sagt, man könne eine bestimmte Aufgabe bewältigen, dann sollte man dies auch tun. Es nicht zu tun, ist ein Zeichen von Veranwortungslosigkeit oder ein Mangel an Zuverlässigkeit.

g) Geschicklichkeit im Handeln und nicht in Panik geraten

Ein Mensch, der geschickt ist im Handeln, bleibt normalerweise gelassen, ruhig und sieht die Dinge so, wie sie sind – selbst in Krisenzeiten. Er sollte sich einfache Fragen stellen wie: „Was genau geschieht hier? Was wäre das Schlimmste, was passieren könnte? Welche Alternativen habe ich?" Allein durch das Stellen dieser Fragen wird jemand imstande sein, sich für den besten Lösungsweg zu entscheiden und entsprechend zu handeln. Wenn man Größe und Charakterstärke erlangen will, sollte man Krisen und Druck standhalten können. Die Tugend der genauen Wahrnehmung, des korrekten Ausdrucks und des Nicht-Falschseins ist ein sehr weites Feld. Sie allein ausführlich darzulegen, könnte viele Bücher füllen. So hat zum Beispiel ein Mensch, der für ein bestimmtes Verbrechen angeklagt wird, im Rechtssystem Anspruch auf ein „faires Gerichtsverfahren". Die Idee des fairen Gerichtsverfahrens in der Justiz steht in unmittelbarem Zusammenhang mit der Tugend der genauen Wahrnehmung und des korrekten Ausdrucks. In der Geschäftswelt bedeutet diese Tugend die angemessene und korrekte Leitung eines Unternehmens. Genaue Wahrnehmung kann sich im Durchführen von Marktstudien äußern, mit denen man sich ein genaues Bild von der Marktlage eines Industriezweiges macht und die Stärken und Schwächen der Konkurrenz analysiert. Korrekter Ausdruck zeigt sich im Formulieren der passenden Geschäftsstratgien, mit denen man auf die gegebene Situation angemessen reagieren kann. Auf dem Gebiet der Wissenschaften bedeutet genaue Wahrnehmung Grundlagenforschung. Korrekter Ausdruck hingegen ist die Entwicklung von Technologien in der praktisch angewandten Wissenschaft. Genaue Wahrnehmung und korrekter Ausdruck stehen auch in Zusammenhang mit höherer Hellsichtigkeit, die jahrelanges Training erfordert. Im Yoga hat genaue Wahrnehmung mit dem Jnana-Yoga, dem Yoga des Verstehens, zu tun. Korrekter Ausdruck zeigt sich im Karma-Yoga, dem Yoga der Tat und des Dienens. Wie schon gesagt: Die eingehende Beschreibung der Tugend der genauen Wahrnehmung und des korrekten Ausdrucks würde Bände füllen, wollten wir sie in allen Einzelheiten betrachten.

4. MÄSSIGUNG UND NICHT-ÜBERTREIBEN

Mäßigung und Nicht-Übertreiben ist auch bekannt als Selbstbeherrschung. Es ist wichtig, extremes oder ausschweifendes Verhalten zu vermeiden und Mäßigung zu praktizieren. In finanzieller Hinsicht bedeutet Mäßigung und Nicht-Übertreiben, dass man jegliche übertriebenen oder verschwenderischen Ausgaben vermeiden sollte. Wenn möglich, sollte man etwa 20 bis 30 Prozent seiner Netto-Einkünfte nach Abzug der Steuern und Spenden sparen und anlegen. Dies ist einer der Schlüssel zum Wohlstand. Es ist prima, das Leben zu genießen, Spaß zu haben, zu arbeiten und Sex zu haben. Aber man sollte bei allem Maß halten.

Wird Sexualenergie auf eine höhere Ebene transformiert, nährt sie die oberen Energiezentren. Dadurch wird ein Mensch zunehmend intelligenter und spiritueller. Wenn man jedoch eine negative Einstellung zur Sexualität hat, kann die sexuelle Energie nicht in die höheren Zentren fließen und diese versorgen. Das Erreichen spiritueller Erleuchtung wird dadurch sehr schwierig, wenn nicht sogar nahezu unmöglich. Eine puritanische Einstellung zur Sexualität erschwert die spirituelle Entwicklung. Dies ist für Yogis, Swamis und alle Arten von religiös engagierten Menschen ein ernsthaftes Problem.

Solange Ihre Einstellung zur Sexualität normal ist, fließt die Energie beständig und ganz von selbst auf und ab. In Bezug auf Sexualität gibt es zwei Schulen: die puritanische Schule, die sagt, Sex sei schmutzig, und die liberale Schule, die Ihnen gestattet, sexuell so ziemlich alles zu tun, worauf Sie Lust haben. In dem Moment, in dem Sie gegenüber der Sexualität eine negative Haltung haben, ist die sexuelle Energie blockiert und kann als Folge davon nicht aufwärts fließen und die höheren Chakras versorgen. In den Geschlechtsorganen kann sich dies physisch als ein Myom oder etwas noch Ernsthafteres manifestieren. Andererseits ist ein Übermaß an sexueller Aktivität nicht zu empfehlen, da dann kaum genug sexuelle Energie zur Verfügung steht, um die oberen Zentren zu versorgen. Der größte Teil der Energie wäre bereits aufgebraucht. Beide Extreme sind deshalb schädlich. Wählen Sie stattdessen den Mittelweg – den Weg der Mäßigung und der Ausgewogenheit. Da die sexuelle Energie Nahrung für die höheren Chakras ist, sollte man in seinem sexuellen Verhalten maßvoll bleiben. Genießen Sie Sex intensiv, aber in Maßen.

In der spirituellen Praxis gibt es einen wichtigen Aspekt, der nicht in Büchern niedergeschrieben ist, jedoch häufig vorkommt. Wenn Sie meditieren, fließt höhere Energie herab und tritt in das Sexual- und Wurzelchakra ein. Wenn dies geschieht, kann der Meditierende eine starke sexuelle Stimulation spüren. Seine Atmung verändert sich drastisch und spiegelt diese sexuelle Erregung wider. Es gibt drei Möglichkeiten, mit dieser Erregung umzugehen. Entweder Sie reagieren puritanisch und unterdrücken die Energie, oder Sie

Abb. 18.1: *Chin Mudra*

gestatten dem Sexualtrieb, Sie im wahrsten Sinne des Wortes zu überwältigen. Beides ist nicht wünschenswert. Wenn Sie eine positive Einstellung zur Sexualität haben, können Sie dies als eine Gelegenheit nutzen, Erleuchtung und göttliches Einssein zu erlangen. Wenn Sie erkennen, dass die göttliche Energie in das Sexual- und Wurzelchakra hinabgeflossen ist, dann ist die Kundalini-Energie kurz davor, in das Kronenchakra aufzusteigen.

Praktizieren Sie Stille und Gewahrsein. Unterdrücken Sie das sexuelle Verlangen nicht. Lassen Sie die sexuelle Erregung oder sexuelle Energie einfach zu den höheren Chakras aufsteigen. Legen Sie die Zunge an den Gaumen und machen Sie das Chin-Mudra, um die Umwandlung der sexuellen Energie zu erleichtern. Beim Chin-Mudra beugen Sie den Zeigefinger und verbinden seine Spitze mit der Daumenwurzel. Halten Sie dieses Mudra mit beiden Händen, so lange wie nötig. Dies kann 30 Minuten oder sogar noch länger dauern. In dem Moment, in dem Sie dies tun, fließen die Kundalini- und die sexuelle Energie zu den höheren Chakras hinauf bis ins Kronenchakra. Dadurch werden Sie zu einem gewissen Grade eine spirituelle Erfahrung machen. Der Schlüssel zum Umgang mit der sexuellen Energie ist, sie umzuwandeln – nicht, sie zu unterdrücken.

Verwenden Sie das Chin-Mudra nicht allzu oft, denn es hat auch die Bedeutung „kein Geld". Es bewirkt, dass sich das Wurzelchakra verkleinert, was zu finanziellen Schwierigkeiten führen kann, denn das Wurzelchakra spielt eine große Rolle beim Verdienen des Lebensunterhalts.

5. Zielstrebigkeit, beständiges Bemühen und Nicht-Faulsein

Es gibt eine Geschichte von einem spirituellen Anwärter, der in ganz Indien auf der Suche nach einem Guru war. Eines Tages sah er einen Guru, der in der Nähe eines Sees meditierte. Er setzte sich neben ihn und wartete. Schließlich öffnete der Guru seine Augen und sagte: „Was kann ich für dich tun?" Der Schüler antwortete: „Ich möchte in möglichst kurzer Zeit erleuchtet werden." Der Guru sagte: „Sehr gut, mein Sohn." Darauf nahm er den Kopf des Schülers und tauchte ihn unter Wasser. Schließlich – kurz bevor der Schüler ertrunken wäre – zog er seinen Kopf wieder hoch. Dann fragte er den Schüler: „Was hast du dir am sehnlichsten gewünscht, als du dabei warst zu ertrinken?" „Luft!", antwortete der Schüler. Darauf sagte der Lehrer: „Wenn du dir Erleuchtung genauso sehnlichst wünschst wie Luft, dann wirst du sie sehr schnell erlangen."

Der Verfasser traf einmal einen Yogi, der von einem bestimmten Swami eingeweiht worden war. Dieser Swami brachte ihm eine bestimmte Technik bei. Der Yogi begann sofort zu meditieren. Er aß und schlief nur sehr wenig. Nachdem er nahezu ohne Unterbrechung mehrere Tage lang meditiert hatte, erlangte er Samadhi, Einssein mit dem Göttlichen. Einige von Ihnen haben bereits einen Lehrer, der Ihnen geraten hat zu meditieren. Sie beschließen dann, am Abend zu meditieren, doch stattdessen sagen Sie dann: „Ach, ich werde erst noch einmal kurz in die Zeitung schauen" oder „Ich werde vorher noch etwas fernsehen" oder „Ich werde erst noch etwas Musik hören" oder „Ich sollte noch meinen Freund anrufen". Später am Abend ist Ihr Körper dann bereits zu müde, um noch zu meditieren, also sagen Sie: „Lass mich doch zu Bett gehen. Morgen werde ich meditieren." Nun, der nächste Tag kommt und genau dieselbe Geschichte passiert. Dies kann Monate oder gar Jahre so weitergehen. Deshalb brauchen Sie Zielstrebigkeit und beständiges Bemühen. Diese Tugend bedeutet auch nichts aufzuschieben und nichts hinauszuzögern.

Sie müssen sich entscheiden, ob Sie eine spirituelle Praxis ausüben wollen oder nicht. Niemand kann Sie dazu zwingen. Meditieren Sie nur, wenn Sie wirklich meditieren wollen, nicht nur, weil jeder um Sie herum auch meditiert. Wenn Sie sich dafür entschieden haben regelmäßig zu meditieren, stellen Sie einen Zeitplan auf und befolgen Sie ihn. Zielstrebigkeit und beständiges Bemühen sowie Nicht-Faulsein sind der Schlüssel zum Erfolg und zu spiritueller Weiterentwicklung.

Wenn Sie meditieren, tun Sie dies immer am selben Ort. Ihnen ist vielleicht auch schon aufgefallen, dass Ihnen die Meditation leichter fällt, wenn Sie sie immer am selben Ort ausüben? An einem anderen Ort wird Ihr Geist eher umherwandern. Warum? Wenn Sie immer am selben Ort meditieren, wird der Raum mit der in der Meditation erzeugten Energie angereichert. In dem Moment, in dem Sie sich dort zur Meditation niederlassen, kommen Ihr Geist und Ihre Emotionen schnell zur Ruhe. An einem neuen oder anderen Ort treiben alle möglichen Gedanken und Gefühle umher. Er ist sozusagen astral verunreinigt.

VERMEIDEN VON ÜBERMÄSSIGER REUE

Die spirituelle Entwicklung ist ein Prozess und ein Prozess braucht Zeit. Es gehört auch dazu, Fehler zu machen. Manche Menschen haben ein überempfindliches Gewissen. Sie glauben, sie seien die schlimmsten Menschen auf der Welt, wenn sie einen kleinen Fehler machen. Wenn Sie sich ständig die Dinge vorhalten, die Sie verkehrt gemacht haben, und sich fortlaufend für Ihre Fehler kritisieren, ist es fast unmöglich, den Fehler zu korrigieren oder die Schwächen abzulegen. Bedenken Sie: Sie werden zu dem, worüber Sie meditieren. Was sollten Sie tun? Löschen Sie zunächst in Gedanken das negative Ereignis. Stellen Sie sich dann vor, Sie tun, sagen und fühlen das Richtige. Stellen Sie sich dazu auch vor, wie die andere betroffene Person ebenfalls richtig reagiert. Warum? Dies ist die Macht des Materialisierens. Das, woran Sie wiederholt und mit Bestimmtheit denken, hat die Tendenz sich zu verwirklichen. Heilsame Gedanken und Gefühle manifestieren sich bei ständiger Wiederholung als gute Taten. Aus wiederholten guten Taten wird irgendwann eine Tugend. Dasselbe gilt für negative Gedanken.

Das Gesetz des Karmas und die Goldene Regel

Studiert man die verschiedenen Religionen auf der ganzen Welt – sei es das Christentum, den Islam, den Buddhismus, Hinduismus oder andere – dann entdeckt man, dass sie bestimmte grundlegende Glaubenssätze gemeinsam haben, wie das Gesetz des Karmas: „Du erntest, was du säst." Manche Menschen missverstehen dieses Gesetz. Wenn etwas passiert, sagen sie: „Das ist nun mal mein Karma. Ich kann dagegen nichts tun." Doch Karma hat mit Fatalismus nichts zu tun. Ein Beispiel: Sie beschweren sich, dass Sie von morgens bis abends nur Reis zu essen haben. Doch Sie ernten nun einmal Reis, weil Sie ausschließlich Reis gesät haben. Säen Sie Weizen, pflanzen Sie Kartoffeln und Tomaten, dann haben Sie auch eine Auswahl bei dem, was Sie zu essen haben.

Mit dem Gesetz des Karmas haben Sie Ihre Zukunft selbst in der Hand. Das Gesetz des Karmas gibt Ihnen die Möglichkeit, Ihr eigenes Schicksal zu bestimmen. Sie können in dieser Inkarnation Ihr Leben ändern. Dafür brauchen Sie nicht auf das nächste Leben zu warten.

Manche Menschen haben ein hartes Leben in Armut geführt, doch durch die Anwendung des Gesetzes des Karmas wurden sie reich. Es gab beispielsweise einen Geschäftsmann, dem die Regierung die Liegenschaften seiner Familie weggenommen hatte, als er noch ein kleiner Junge war. Sie mussten in einem kleinen Haus leben und besaßen so gut wie nichts. Die erste Geschäftsidee, die der Junge in die Tat umsetzte, war das Aufblasen und Verkaufen von Ballons. Später dehnte er seine Geschäftsaktivitäten auch auf andere Bereiche aus. Durch intelligente und harte Arbeit und mit einem großen Herzen – bestrebt, zu teilen und zu geben – wuchs seine Firma und er wurde sehr wohlhabend. Seine Familie ist heute mit Reichtum gesegnet.

Neben dem Gesetz des Karmas gibt es ein weiteres grundlegendes Glaubensgesetz, das allen Religionen der Welt gemeinsam ist: die Goldene Regel. Sie besagt in ihrer Yang-Form: „Behandle andere so, wie du selbst gerne behandelt werden möchtest!" In der umgekehrten Form heißt es: „Was du nicht willst, das man dir tu', das füg' auch keinem andern zu!" Wenn Sie möchten, dass andere nett zu Ihnen sind, begegnen Sie den Menschen mit einem Lächeln – und sie werden zurücklächeln. Wenn Sie mürrisch dreinschauen, werden die Menschen vor Ihnen das Weite suchen. Wenn Sie in Krisen- oder Notzeiten Hilfe erhalten wollen, müssen auch Sie anderen helfen. Wenn zum Beispiel eine Naturkatastrophe eintritt, können Sie einer karitativen oder religiösen Institution, die sich um die Opfer kümmert, Geld spenden. Wenn Sie keinen Hunger erleiden wollen, versorgen Sie die Armen. Wenn Sie nicht betrogen werden wollen, seien Sie zu anderen ehrlich. Wenn Sie nicht wollen, dass Ihnen etwas gestohlen wird, nehmen Sie nichts, das Ihnen nicht gehört. Die Goldene Regel ist tatsächlich die spirituelle Technik, mit der Sie Ihre Zukunft und Ihr Schicksal selbst gestalten können.

ANHANG

Bücher und CDs von Master Choa Kok Sui

- **Grundlagen des Pranaheilens**, Burgrain, KOHA
- **Die hohe Kunst des Pranaheilens**, Burgrain, KOHA
- **Praxisbuch der Prana-Psychotherapie, Burgrain,** KOHA
- **Pranaheilen mit Kristallen**, Burgrain, KOHA
- **Energetischer Selbstschutz**, München, Ansata 2006
- **Golden Lotus Sutras** (Reihe), München, ISV 2006-2008*
- **Die Entstehung der Pranaheilung und des Arhatic Yoga,** München, ISV 2007
- **Die Existenz Gottes ist offensichtlich – The Existence of God is self-evident,** München, ISV 2007
- **Superbrain Yoga,** München, ISV 2007
- **Om Mani Padme Hum, die blaue Perle im goldenen Lotus,** München, ISV 2008
- **Innere Lehren des Hinduismus enthüllt,** München, ISV 2008
- **Vater Unser – universelle und kabbalistische Meditation mit dem christlichen Gebet,** München, ISV 2010
- **Die spirituelle Essenz des Menschen** – die Chakras und der umgekehrte Baum des Lebens, München, ISV 2012
- **Meditation über zwei Herzen und Selbstheilungsmeditation** (Audio-CD), Burgrain, KOHA
- **Meditation über die Seele** (Audio-CD), Burgrain, KOHA
- **OM – Klang der Stille** (Audio-CD), Burgrain, KOHA
- **Vater Unser Meditation** (Audio-CD), München, ISV 2012
- **Die Existenz Gottes ist offensichtlich** (Audio-CD, dt./engl.), München ISV 2008

* Die GOLDEN LOTUS Sutras von Master Choa Kok Sui:

- **Jenseits des Verstandes** (über Meditation), ISV 2008
- **Erfahrungen des Seins** (über das Leben), ISV 2008
- **Wunder sind möglich** (über Pranic Healing), ISV 2008
- **Mitfühlende Sachlichkeit** (über Charakterbildung), ISV 2006
- **Inspiriertes Handeln** (über das Unterrichten von Pranic Healing), ISV 2008
- **Unmögliches Erreichen** (über spirituelle Unternehmensführung), ISV 2006
- **Kreative Transformation** (über spirituelle Praxis), ISV 2008

Hinweise und Adressen

Richtlinien für die Prana-Anwendung

- Pranic Healing oder Pranaheilung ist eine geistig-energetische Methode zur Stärkung der Selbstheilungskräfte des Körpers. Ihre Wirkungsweise unterscheidet sich grundsätzlich von der einer schulmedizinischen Behandlung und ist auch von verschiedenen intervenierenden Faktoren, wie beispielsweise der inneren Bereitschaft und Offenheit (dem „Glauben") des Klienten abhängig.
- Pranic Healing ersetzt die herkömmliche, allopathische Medizin nicht, sondern ergänzt diese.
- Prana-Anwender raten in jedem Fall ihren Klienten zu einem Besuch bei einem Arzt oder Heilpraktiker bzw. arbeiten mit einem solchen zusammen.
- Prana-Anwender sind keine Ärzte oder Heilpraktiker (und erwecken auch nicht den Anschein, das zu sein), aber Ärzte und Heilpraktiker können Prana-Anwender sein.
- Prana-Anwender stellen keine Diagnosen.

- Prana-Anwender verschreiben keine Medikamente und/oder medizinische Behandlungen.
- Prana-Anwender mischen sich nicht in die medizinische Behandlung oder Medikamenteneinnahme ein.

Suchen Sie Hilfe nur bei einem eingetragenen Prana-Anwender!

Der Verein Prana Germany e.V. fördert die Verbreitung der Pranaheilung von Master Choa Kok Sui und ist ein Zusammenschluss der Prana-Lehrer und Prana-Anwender in Deutschland.

Der Verein bemüht sich um Qualitäts-Sicherung sowohl in der Ausbildung als auch in der Anwendung. Im Rahmen des Vereins ist es möglich, in einer einjährigen Zusatzausbildung das Zertifikat „Registrierter Prana-Anwender" *(Associate Pranic Healer)* zu erwerben. Das Zertifikat entspricht den vom *Institute for Inner Studies* in Manila vorgegebenen internationalen Richtlinien. Nur solchermaßen qualifizierte Prana-Anwender werden in unser offizielles Adressverzeichnis aufgenommen.

Lernen Sie Pranic Healing nur bei autorisierten Lehrern!

Pranic Healing nach Master Choa Kok Sui ist ein standardisiertes, auf einander abgestimmtes System von Heilungs- und Selbstheilungstechniken und -methoden. Darauf aufbauend gibt es eine eigene Yoga-Richtung: Arhatic Yoga.

Die Standards für eine effektive und sichere Anwendung des Pranic Healing werden durch das Institute for Inner Studies, Manila, Philippinen, ständig evaluiert. Durch das Institut und die weltweit verbreiteten Pranic-Healing-Zentren werden Prana-Lehrer ausgebildet und autorisiert. Nur diese Lehrer sind berechtigt, dem Absolventen eines Pranic-Healing-Seminars ein Zertifikat des Institute for Inner Studies, Manila, auszustellen. Mit diesem Zertifikat können Sie sicher sein, dass der Lehrer nach den von Master Choa Kok Sui und dem Prana Germany e.V. vorgegebenen Richtlinien unterrichtet.

Eine Liste der registrierten Prana-Anwender und der autorisierten Prana-Lehrer sowie der Seminar- und Veranstaltungstermine finden Sie im Internet unter www.pranic-healing.de oder senden Sie einen frankierten Rückumschlag an:

Prana Germany e.V.,
Sollner Str. 71, 81479 München
Tel.: 089-795290, Fax: 089-74949629
Email: info@prana-heilung.de
www.prana-heilung.de

In der **Schweiz** kontaktieren Sie bitte:
Stefan und Cheryl Weiss/Zach
Pranic Healing Schweiz
Hauptstr. 2 · CH – 6033 Buchrain (LU)
Tel.: 0848-77 26 42 · Fax: 041-442 08 09
E-Mail: info@pranichealing.ch
www.pranichealing.ch

Verzeichnis der zitierten Bücher Hurtak, J. J.: Die Schlüssel des Enoch. Akademie für die Wissenschaften der Zukunft, Basel/Spiez 1996. Neue Senfkornbibel. Deutsche Bibelgesellschaft, Stuttgart 1982. Risi, Armin: Unsichtbare Welten. Govinda-Verlag, Neuhausen/Altenburg 1998. Zürcher Bibel. Verlag der Zürcher Bibel, Zürich 1996.

Master Choa Kok Sui
Die spirituelle Essenz des Menschen

Wie relevant und zeitgemäß ist alte Mystik für die spirituellen Herausforderungen der heutigen Zeit? Kann sie dem modernen Menschen helfen, sich seines wahren Selbst bewusst zu werden? Während die Welt von einem sozio-ökonomischen oder politischen Aufruhr zum nächsten taumelt, schöpft Master Choa Kok Sui von der Quelle des Lebensbaumes. Mit scharfsinniger Einfachheit bietet er sehr praktische oder sogar provokative Antworten auf die anscheinend komplexen Probleme unserer Zeit. Hier ist ein Buch, das die spirituellen Dimensionen von Wohlstand, Sex, Krieg, Alchemie oder anderen weltlichen Beschäftigungen beleuchtet.

Vor einem multikulturellen Hintergrund erhebt sich die Synthese verschiedenster esoterischer Systeme: Die Chakras, die kabbalistischen Sephiroth, das Papstkreuz und andere Symbole werden wie Weisheitsperlen auf einer Schnur graziös miteinander verflochten, und geben dem ernsthaften Sucher überaus effektive Strategien für ein gesegnetes Leben.

Innere Studien Verlag
ISBN 978-3-939546-20-7
244 Seiten, gebunden
€ 24,50

MASTER CHOA KOK SUI

ANGEWANDTE SPIRITUELLE WISSENSCHAFT

DIE ENTSTEHUNG DER
PRANAHEILUNG
UND DES ARHATIC YOGA

Master Choa Kok Sui

Angewandte spirituelle Wissenschaft –

Die Entstehung der Pranaheilung und des Arhatic Yoga

Autobiografie eines Arhatic Yogi

Der gelernte Chemie-Ingenieur und Geschäftsmann Master Choa Kok, Begründer der Pranaheilung, erzählt in diesem Buch über seinen Werdegang, seine spirituellen Führer und die Entstehungsgeschichte der Pranaheilung und des Arhatic Yoga. Weiterhin enthält das Buch Zeugnisse verschiedener, ihm nahestehender Personen über Master Choa Kok Sui`s spirituelle Führer, die ihm bei seiner Lebensaufgabe, der Entwicklung der Pranaheilung, maßgeblich zur Seite standen, und bewegende Erfahrungsberichte von Schülern aus der ganzen Welt. Im letzten Kapitel gibt der Meister seine bisher unveröffentlichten und bahnbrechenden spirituellen Erkenntnisse über das Wesen Gottes und der göttlichen Hierarchien, die inneren Welten und die spirituelle Evolution des Menschen preis.

Innere Studien Verlag

ISBN 3-939546-038

287 Seiten, gebunden

€ 24,50

Master Choa Kok Sui
OM MANI PADME HUM –
Die blaue Perle im goldenen Lotos

In diesem Buch überschreitet Grandmaster Choa Kok Sui die Grenzen von Zeit
und Raum, indem er die Wahrheit über seinen spirituellen Lehrer der Öffent-
lichkeit preisgibt und einige besonders wichtige Lehren dieses unsterblichen
Tibetischen Meisters erklärt. Unter dem Namen Buddha Padmasambhava oder
Guru Rinpoche ist dieser vielen bekannt als Begründer des tibetischen tantri-
schen Buddhismus. Er machte das Mantra OM MANI PADME HUM bekannt.
Dieses Mantra ist dem Buddha Avalokiteshvara oder Buddha Kwan Yin gewidmet. Seit Urzeiten rezitieren tibetische Buddhisten dieses Mantra als Ausdruck
von universellem göttlichem Mitgefühl und Barmherzigkeit.

Innere Studien Verlag
ISBN 978-3-939546-08-5
175 Seiten, gebunden
€ 22,–

Master Choa Kok Sui
Superbrain Yoga

Das Gehirn eines Neugeborenen hat rund 100 Milliarden Gehirnzellen und ein komplexes Netzwerk aus Nervenverbindungen oder Synapsen. Wissenschaftliche Studien haben schlüssig belegt, dass das menschliche Gehirn neue Gehirnzellen und Neuronen bilden kann, um sich selbst zu regenerieren und unterbrochene Kreisläufe wieder zu verbinden, die durch Alter, Unfälle oder Krankheiten entstanden sind. Master Choa Kok Sui zeigt uns in diesem Buch wie wir Superbrain Yoga als Energiequelle nutzen können, um unser Gehirn fit und funktionsfähig zu erhalten um den typischen mentalen Auswirkungen von Alter, Gedächtnisverlust, Demenz oder Alzheimer entgegenzuwirken. Er enthüllt die uralte Technik und ihre korrekte Durchführung und erklärt die zugrundeliegenden Prinzipien. Die Übung ist verblüffend einfach und ihre Durchführung benötigt nur wenige Minuten. Bei täglicher Anwendung über einen längeren Zeitraum können erstaunliche Veränderungen hinsichtlich schulischer Leistungen, Konzentrationsfähigkeit und auch innerer Ausgeglichenheit festgestellt werden.

Innere Studien Verlag
ISBN 978-3-939546-04-7
111 Seiten, gebunden
€ 17,95

Master Choa Kok Sui
Innere Lehren des Hinduismus enthüllt

In diesem Buch „Innere Lehren des Hinduismus enthüllt" setzt Master Choa Kok Sui mithilfe seiner reichen Erfahrung in esoterischer Forschung sein Wissen über feinstoffliche Energie und Yoga in Beziehung mit alten Weisheiten der Hindu-Religion.

Beginnend bei Gott Ganesha, erzählt der Autor über verschiedene Gottheiten und Idole des Hindu Pantheon und erklärt deren Symbolik auf einer inneren oder esoterischen Ebene.

Auf seine unverwechselbar direkte und einfach verständliche Weise bringt der Autor dem Leser tiefe mystische Bedeutungen des Hinduismus dar, wie sie in dieser Form noch nie zuvor erklärt wurden.

Nicht nur für den am Hinduismus interessierten Leser ist dieses Buch, wie alle Bücher von Master Choa Kok Sui, wieder eine atemberaubend spannende Offenbarung der spirituellen Essenz und universellen Weisheit, die sich in allen Religionen verbirgt.

Innere Studien Verlag
ISBN 978-3-939546-14-6
160 Seiten, gebunden
€ 22,–

Sai Cholleti / Alexander R. Thiel

Lebenslust und Lebenskraft

Die sieben Kraftkreisläufe des Menschen

Wollen auch Sie zu diesen Menschen gehören, die andere faszinieren, denen
man automatisch zuhört, sobald sie reden; Menschen, auf die jeder neugierig
ist und zu denen alle Kontakt suchen; die durch ihre Kraft und Energie andere
begeistern und motivieren? Wollen auch Sie jemand sein, in dessen Gegenwart
man sich erfrischt, glücklich und inspiriert fühlt? Mit Hilfe der sieben
Kraftkreisläufe des Menschen werden Sie staunend entdecken, welche gewaltigen, ungenutzten Energiereserven auch Ihnen zur Verfügung stehen und
wie groß tatsächlich Ihre Möglichkeiten sind, Ihre Ziele, Visionen und
Träume Wirklichkeit werden zu lassen!

KOHA-Verlag
ISBN 978-3-86728-027-3
168 Seiten, gebunden
€ 14,95